徹底反論座談会1

宏洋（ひろし）問題の「嘘」と真実

幸福の科学総合本部 編

まえがき

「鬼」という言葉は「隠（おぬ）」という言葉から来ていると言われる。人から隠れて、見えないところで自分を大きく見せたり、嘘を信じ込ませようとする。「鬼」には「悪霊・悪魔」という意味もあるが、エクソシズム（降魔）の基本も、相手の正体を見破るところから始まる。

釈尊の「降魔成道」も、釈尊に「出家などせず、家族の幸せのために生きることが人としてあるべき道なのだ」と一見まことしやかに聞こえることを言って、巨大な救世主としての使命を持つ人の大悟を邪魔しようとした「梵天」と名乗る者を、「お前は魔だな」と見破ることから始まっている。だから、宏洋氏の背後で、ルシフェルや覚鑁という地獄のトップクラスの悪魔が憑いて、彼をコントロールしていることを見破り、指摘することは重要なのだ。「宗教は反対するものをすぐに悪魔呼ばわりするから悪い」という意見もまた、正体を隠したい悪魔にとってこの上なく好都合な意見であることは論をまたない。

しかし、逆にこちらに隠していることや、表立って言わないことがあると、魔は巧みにそこを弱点として突いてくる。総裁やご家族の生活まわりの「密」の部分である。

宗教にとって、天上界との霊的交流の磁場を維持するために、「顕密」の「密」の部分を護ることは大切である。霊的に悪魔の影響を受けている、大川総裁の長男・宏洋氏は、最近出版した『幸福の科学との訣別』（文藝春秋刊）という本で、「私だけが知っている教団の内実」と称して、総裁やご家族まわりのところでどんなに事実と違うことを言っても、「密」なる部分を護るために教団が何も言えないだろうと見越して、そこに集中して嘘をついてきた。信者も、そんなプライベートなことまでは知らないから、心揺らす者も出てくるだろうし、信者でないなら、長男が言うことだから、と嘘を信じる人も出てくるだろう。そういう悪魔的な計算がそこにある。

もし、そこに何かやましいことがあるならば、教団も何も反論できないだろう。しかし「幸福の科学」は違う。総裁も、教祖殿・大悟館で総裁まわりを固めているご家族も、巫女役として霊的磁場を護るために、本当に清らかで宗教的な生活を送っている。ご家族まわりの秘書も同様の修行者であり、内心の乱れも一定レベルを超えるとそこに存在することは許されない、厳しい修行環境なのだ。宏洋氏のあからさまな嘘に反論するために、通常は「密」にあたる生活まわりの部分を明らかにしても、教団も信仰もビクともしないのだ。

それにしても、この宏洋氏の本に書かれた嘘はひどい。一ページに多いところでは四、五個、全体で数百に及ぶ嘘で塗り固められている。通常、大新聞社なら、一つでも捏造記事があれば大問題であり、社長のクビが飛んで当然の事態である。しかし、この本を出版した文藝春秋は、本人が言ったことだからと、ジャーナリズムの鉄則である裏取り取材を何一つしないで、恬として恥じない。

さらに、宏洋氏が、二歳から六歳の幼少時に行われた東京ドームでの大講演会の信者さんの盛り上がりを冷ややかな目で見ていたり、六歳の時のオウム事件で幸福の科学も一緒くたに批難されて総裁の心が折れたように見えた、等、ライターが想像で書いた作文としか考えられない不自然な表現があちこちにある。

私は四歳の時の宏洋氏の教育担当だったが、そんな大人のような複雑な思考をする子どもでなかったことは私自身が証言できる。ライターと文藝春秋による、幸福の科学を貶めるための作文であり、嘘である。宏洋氏と一緒になって、ここまで嘘を並べた文藝春秋の責任は逃れられるものではなく、幸福の科学は、三月十七日に、文藝春秋と宏洋氏に対して、名誉毀損の損害賠償請求訴訟を起こしている。

宏洋氏の本が書店に並んだ翌日、三月十二日にこの座談会は行われた。大川隆法総裁、大川紫央総裁補佐、大川咲也加副理事長はじめごきょうだいと、歴代の宏洋氏に関係した秘書、千眼美子（本名・清水富美加）氏の計三十八人が一堂に集まって、宏洋氏の嘘に徹底的に反論を行った。その座談会は二日間、計十二時間にわたる（二日目の座談会参加者は十八人）。

そこで浮かび上がってきたのは、宏洋氏の一貫した自己中心的な性格と、宏洋氏のためを思って自己犠牲的な愛を注いだ人をこそ不幸にする、近親攻撃的な傾向性である。

宏洋氏は自惚れが激しく、「天狗」的傾向性が極めて強いことは衆目の一致するところだ。近しい人だからこそ愛をもって忠告もしてくれるのを、「天狗」の鼻が高すぎて受け止められず、一部を否定されただけでも全否定されたかのように過剰に反応し、全存在をかけて相手を否定し、攻撃に出てくるのだ。

しかし、天狗の傾向性として「天狗の高転び」という言葉がある。上がっていく時は勢いがいいが、徳がないためそれを維持できず、下っていく時は人のせい環境のせいにして、大暴れしながら谷底に転げ落ちていくのだ。谷底で高かった鼻がポキンと折れて、「なぜこうなったんだろう」と考えることができたなら、そこからが救いの始まりである。ただし、簡単に救ってもらえると思ったら大間違いだ。徹底的な反省と、下座行と、教学と、愛の実践行を、少なくとも今まで天狗になって人を見下してきたのと同じ期間、何十年かは行じ続けることが求められる。「負かしてあげることも愛」なのだ。

読者の皆さんが、この本を読んで、宏洋氏の本と比べて、どちらが信じるに足る内容か、またどちらを信じたら自分は幸福になれるのかを、よくよく深く考えてみてほしい。善悪の価値判断基準の確立こそが、この不確定な時代を生き抜くために、最も必要なことなのだ。もし、この本を信じたほうが自分を幸福にできると感じられたなら、あなたは人生の成功と幸福に向けて、大きな一歩を踏み出すことになるだろう。

二〇二〇年　三月二十日

幸福の科学 総合本部 常務理事 広報担当　喜島克明

宏洋問題の「嘘」と真実　目次

宏洋問題の「嘘」と真実
——徹底反論座談会1——

二〇二〇年三月十二日　収録
東京都・幸福の科学総合本部にて

2

説法衣装についての真実　33

※本書は、二〇二〇年三月十二日に行われた座談会の「前半」部分をとりまとめたものです。

宏洋(ひろし)問題の「嘘(うそ)」と真実

――徹底反論座談会1――

二〇二〇年三月十二日　収録
東京都・幸福の科学総合本部にて

座談会参加者

大川隆法　幸福の科学グループ創始者 兼 総裁

大川紫央　幸福の科学総裁補佐

大川咲也加　幸福の科学副理事長 兼 宗務本部総裁室長

大川直樹　幸福の科学常務理事 兼 宗務本部第二秘書局担当

大川真輝　幸福の科学指導研修局担当部長

大川裕太　幸福の科学政務本部東京強化部長

司会

酒井太守　幸福の科学宗務本部担当理事長特別補佐

*以下、座談会参加者。五十音順

浅野聖太　ＨＳＵ担当部長

阿部一之　幸福の科学事務局事務部部長

岩本志織　幸福の科学横浜正心館講師

岩本尚之　幸福の科学常務理事 兼 人事局長

奥田敬子　幸福の科学宗教教育企画局（エンゼル・プランＶ）部長

川島麻衣子　在家信者
喜島克明　幸福の科学常務理事（広報担当）
木村智重　幸福の科学学園副理事長
黒田由紀　在家信者
駒沢さゆり　幸福の科学メディア文化事業局ニュースター・プロダクション担当
兼 ニュースター・プロダクション（株）秘書部長
斉藤愛　ＨＳＵ事務局教務担当副局長
坂本美好　幸福の科学宗教教育企画局（エンゼル精舎）担当チーフ
佐藤直史　幸福の科学出版社長
佐藤悠人　幸福の科学広報局法務室長 兼 ＨＳＵ講師
嶋村美江　幸福の科学人事局付職員
諏訪裕子　在家信者（一般社団法人ユー・アー・エンゼル理事長）
千眼美子　幸福の科学メディア文化事業局部長 兼 アリ・プロダクション（株）部長
兼 アリ・プロダクション（株）所属タレント

竹内久顕（たけうちひさあき）　幸福の科学メディア文化事業局担当理事
兼 アリ・プロダクション（株）芸能統括専務取締役

竹内由羽（たけうちゆう）　幸福の科学宗務本部特別参与

武田亮（たけだりょう）　幸福の科学副理事長 兼 宗務本部長

鶴川晃久（つるかわあきひさ）　幸福の科学理事 兼 東京正心館館長 兼 研修局長

転法輪蘭（てんぽうりんらん）　幸福の科学宗教教育企画局担当局長

野口佑美（のぐちゆうみ）　在家信者

林紘平（はやしこうへい）　幸福の科学メディア文化事業局チーフ 兼 アリ・プロダクション（株）チーフ

樋口ひかる（ひぐち）　幸福の科学宗務本部ソフト開発室主任（兼 秘書）

福本光宏（ふくもとみつひろ）　幸福の科学常務理事 兼 経理局長

松田三喜男（まつだみきお）　幸福の科学理事 兼 事務局長

三觜智大（みつはしともひろ）　幸福の科学メディア文化事業局部長

村田堅信（むらたけんしん）　幸福の科学人事局担当専務理事

村田ひとみ（むらた）　在家信者

森祐美（もりゆみ）　在家信者

序　宏洋(ひろし)氏の「嘘(うそ)」に対する徹底反論座談会

酒井太守　昨日(さくじつ)（二〇二〇年三月十一日）、宏洋(ひろし)氏の著書『幸福の科学との訣別(けつべつ)』（文(ぶん)藝春秋(げいしゅんじゅう)刊）が書店に並びました。本日はその反論のための座談会ということで、宏洋氏を知る方々にお集まりいただきました。

昨日、私も、読みたくないものを読みましたけれども、本当に、これは悪質というのを超えて、ほぼ犯罪性があるというぐらいの内容になっています。一ページのなかに複数の虚偽があり、これを全部足すと、この百七十ページぐらいの本のなかに数百カ所の虚偽が記載されております。

ここまで悪質なものを、大手出版社である文藝春秋が出していいのかということも、大きく問われるべき本です。

宏洋氏の常套(じょうとう)手段として、「私だけが知っている」というかたちで、大川家の人々の話をそうとう盛り込んでいて、人格攻撃を行(おこな)っています。しかし、はっきり言って、そのほとんどが作り話です。このあとの座談会のなかで、それがどんどん明らかになっていくのではないかと思いますが、やはり、幸福の科学のみなさまにも、世間のみなさまにも知っていただかなければいけないことだと考えています。

また、宏洋氏自身は、こういったまったくの悪意に満ちたものを出す人間ではありますが、それを擁護する大手出版社があるとなると、ここまで社会が乱れて、本当にいいのかとも思います。今日は弁護士も参加していますけれども、やはり、刑事告訴も視野に入れていかなければならないと、私は思っています。これだけのことを許していいのかということです。

幸福の科学には「公共性」があります。しかし、宏洋氏はただ単に、自分の父親だとか、自分の家族だとか、その程度の認識だと思います。その意味では、まだ幼児性が抜けていないように見えます。特に、大川家をある種のブラックボックスと見て、〝私だけが知っている。裏はこんなに汚いんだぞ〟的に作り上げられたストーリーに対し、今日は、これまではなかなか発言の機会が取れなかった大川家や宗務本部関係者の証言を頂きながら、この本に書かれた「虚偽」を明らかにし、これを完全に破壊し

●宗務本部　幸福の科学の総裁周りの仕事をするセクション。男性スタッフも女性スタッフも、秘書機能を持ちつつ、本質的には霊域の結界を護る巫女の役割を担っている。

ていきたいと思います。

ただ、数百カ所近くはある虚偽のすべてについて、検証を行う時間もありませんので、大川家について、特に大川隆法総裁先生や二代目予定者の咲也加副理事長、紫央総裁補佐などに関する発言で、宏洋氏が「私はこういう発言を聞いた」というもののほとんどが嘘でありますので、そこのところを中心に、一つひとつ正していきたいと思います。

なお、幸福の科学の信者のみなさまにお伝えしておきたいこととしましては、宏洋氏の本はほとんど嘘で成り立っていますので、この座談会のなかで明らかになる「真実」をご理解いただければ、それで大丈夫かと思います。

それでは始めたいと思います。

これから本の内容を順番にチェックしていきますので、「これについて私は知っている」「これについて言いたい」というところがあれば、挙手にて、どんどんご発言いただければと思います。

1　教育方針についての真実

「世の中の考えは、基本的に間違っている」などと教えるはずがない

酒井太守　まず、「まえがき」から行きたいと思うのですが、このなかで、大川家だけしか知らないという案件で何かあればお願いします。

それでは、咲也加さん、お願いいたします。

大川咲也加　五ページに、「教団の職員が家庭教師についていました。そして、『世の中の一般的な考えは、基本的に間違っている。齟齬（そご）があった場合は、我々が正しい。世の中の人が言うことを信じてはいけない』と、常々言い聞かされました」とありますが、そんなことを言い聞かせた方を私は存じ上げないのですけれども（笑）。宏洋さんの家庭教師をしたことのある方のなかに、そういうことを言った記憶のある方はい

らっしゃいますでしょうか。

武田亮　私はないです。言ったことはないですね。

酒井太守　喜島さんや鶴川さんはありますか。

喜島克明　家庭教師をしていた秘書のうち、こんなことを言った人は誰もいないはずです。幸福の科学の教えというのは非常にオープンな教えであり、この世のさまざまな学問も、すべて神の教えが分かれてできたものだという考えですので、「いろいろな本を学びなさい」ということを教えとして持っている宗教です。

そして総裁先生も、自らがそれを実践されているということですので、「世の中の一般的な考えは基本的に間違っている」などというのは、当会の教えとは正反対のものです。

ただ、すべてが正しいというわけでもなく、「正しいものと間違っているものとを、分けていくことが大切だ」という教えですね。世の中に出回っている考え方のなかで、正しいものと間違っているものとを分けていくための価値観を学ぶこと、これが大切なことであると、私たちは教わっています。

小さいお子さんには、そこまで難しい言い方はできませんけれども、『しあわせってなあに』という小さい子向けの絵本も当時から賜っていますので、そういった総裁先生のお説きくださった小さい子向けの教えをもとに、家庭教師たちも教えていたというのが実態です。

酒井太守　ありがとうございます。

大川隆法　今の部分は、本の紹介文としても使われていたところでしょうかね。「**世の中の一般的な考えは、基本的に間違っている。齟齬があった場合は、我々が正しい**」とありますが、宏洋は「齟齬」というような言葉は使えないんですよ。彼の語彙にはないと思われるので、これは明らかに文春の雇いのフリーライターの言葉でしょうね。

●『しあわせってなあに』　「明るく生きること」「やさしく生きること」などをテーマとし、幼児から小学校高学年までを対象とした、大川隆法総裁による絵本シリーズ（幸福の科学出版刊）。

彼は、この言葉は使いません。

酒井太守　そうですね。

大川咲也加　あと、きょうだい全員が同じ環境で育っているというようなことも、宏洋さん本人が言っているので、ほかのきょうだいにも、こういう話を聞いたことがあるかを伺いたいのですが。

大川真輝　これに関しては、以前に宏洋氏が「大川家の教育を回顧・検証する」という座談会（二〇一六年三月二日）のなかで「大川家の教育」として幾つか言っていますけれども、そのなかで、「自分がされて嫌なことは人にはしてはいけません」という世間一般的な道徳を教わったと言っています。

「世の中の一般的な考えは、基本的に間違っている」「世の中の人が言うことを信じてはいけない」ということを言われて育ったというのは、彼自身もそうした認識をしていないので嘘です。

酒井太守　そうですね。ありがとうございます。

十九世紀の人物ダーウィンが「何万年も閉じ込められている」はずがない

酒井太守　それでは、次に行きたいと思います。

同じく五ページに、**「ダーウィンは転生輪廻を否定したせいで、無間地獄に落ちている。自分ひとりしかいない空間に、何万年も閉じ込められているんだ」**と家庭教師から言われたように書いてありますけれども、ダーウィンは十九世紀の人物ですので、何万年も閉じ込められるはずはありません。こんなところも間違っています。

「友達と遊ぶことを禁止された」ということはない

酒井太守　次に六ページ目あたりはどうですか。どちらかというと、家族と外との関係でしょうか。

大川咲也加　「宏洋様は生まれつき特別な使命を帯びている人間であって、卒業したら彼らに会うことは二度とないのだから、親しくなってはいけません」と教えられ、「学校の外で友だちと会うことは禁止され、誰かの家へ遊びに行く機会もなかった」というのですけれども、私は、そういうふうに「友達と会うな」とか「遊ぶな」とか言われた記憶は特にありません。

ここは、当時、宏洋さんを養育された方々のお話を伺ったほうがよろしいでしょうか。

酒井太守　村田ひとみさんや奥田さん、いかがですか。

村田ひとみ　私の知るかぎり、「友達と親しくしてはいけない」などということは、絶対にありませんでした。むしろ幼稚園に行っていなかったり、転校などもあったので、学校のお友達と馴染(なじ)めているだろうか、仲良く過ごせますように、とみなが心配し気遣っていたぐらいです。

奥田敬子　私が知っているのは小学校入学前のことですけれども、街のなかでも、ご本人もいろいろな人と接していて、ごく普通の子供として過ごされていました。

大川裕太　ここは、「小学校に入ってから」となっていて、その後、ずっとそうだったかのように書いてあるのですけれども、よくよくあとのほうを読んでみると、八一ページに、「宏洋さんの提案で、小学校のときに友達の家でアダルトビデオを観(み)た」という話が出てきます。そこの記述と矛盾(むじゅん)しているので、「**友達と会うのを禁止された**」とあるのは変です。

酒井太守　まあ、創作に近いということですね。

大川裕太　はい。「**学校の外で友だちと会うことは禁止され、誰かの家へ遊びに行く機会もなかった**」というのは嘘ですよね。本の内容が矛盾しています。

　そのエピソードでは、「**6年生のときに一度だけ、クラスメイトの家へ行ったことがあります**」とわざわざ書いてありますが、普段、一緒に遊ばない子が、こうした悪事を提案するというのは不自然ですので、つじつまを合わせたのでしょう。

大川隆法　それと、友達の家でアダルトビデオを観たのではなく、白金(しろかね)小の近くに借りていたマンションに友達を集めて、自分が上映会をやっていたのではないでしょうか。

大川裕太　そうですよね。

大川隆法　どちらかといえば、これは「主犯」のほうに入るでしょう。

大川裕太　宏洋さんが悪い友達と遊んでいたときに、実母のきょう子さんが、「あんな人たちと遊ぶんじゃありません」というようなことをよく言っていました。この発言は、その話をもとに作っています。

酒井太守　そういうことですね。分かりました。

2 説法(せっぽう)衣装についての真実

総裁の腕時計について

酒井太守　次、七ページ目に、腕時計やお袈裟(けさ)、スーツの話などがあります。このあたりはいかがでしょうか。

武田亮　ここについては、私のほうから、間違いを指摘していきたいと思います。

宗務(しゅうむ)本部では仕事の一つとして、総裁先生のお召し物その他、身に着けられるものに関しては、責任を持って管理し、先生がなされるお仕事、各種行事にふさわしいものをＴＰＯに合わせてご用意させていただいています。宏洋氏は、そういったことにはまったくかかわっておりませんでしたので、実際のことを知っているはずもありません。まず、「勝手に、いいかげんなことを書くな」と言いたいです。

具体的に指摘させていただきますと、まず、腕時計について、**「基本的に特注です。しかも、基本的に1回しか着けません」**とありますが、腕時計については基本的に特注ではありません。例外的に数本、特注のものがありますが、例えばそれは、東日本大震災の後、岩手県で被災された時計職人の方に復興支援として注文したものです。翌年、東日本復興の象徴の一つとして身に着けられ、●仙台正心館でご説法されました。また、平均して一本あたり二十回以上のご説法で使われています。それ以外にも、ご視察や会議等の公務でご使用になられていますので、この記述は間違いです。

説法用の袈裟について

武田亮　それから、お袈裟につきましても、**「宝石がキンキラキンにちりばめられているお袈裟もウン百万円しますが、やはり基本的に1回しか使いません」**とありますが、事実は、本物の宝石ではなくてたいへん申し訳ないのですが、ビーズや人工石が使われています。要するに、ガラス製のもの等をちりばめて装飾しているわけです。

●**仙台正心館で……**　『されど光はここにある』（幸福の科学出版刊）第４章「勇気からの出発」参照。

また、実際の製作費は三十万円から四十万円程度です。当会の儀典芸術部のほうでデザインを内製して、ある程度つくってから、刺繍を外注して戻す、といった工程でつくっているものですので、**「ウン百万円」**もするようなものではありません。

それを一本につき、少なくとも二十回、多いものではそれ以上の回数をご説法で使用していますので、**「1回しか使いません」**というのも間違いです。

スーツについて

武田亮　また、スーツについても、**「普段着るスーツも全て特注です」「ほぼ1回しか着ません」**と言及していますが、総裁先生のスーツは通常のオーダーメイドで、年に三十着程度つくっています（実際は、スーツが十着程度、残りはジャケットです）。ご説法が年に二百回以上ございますので、宗務本部のほうで毎回、組み合わせを変えながら、あまり同じ衣装に見えないように工夫しているというのが現実です。
もしかしたら、それが功を奏しているのかもしれません。彼には、一着につき一回の使用で終わっているように見えているのであれば、むしろ、われわれの仕事がうまくいっているとも言えるのではないかと思います。

エル・カンターレの姿を後世に遺す使命

武田亮　一つ加えて、私から意見として申し上げたいのは、私たち弟子の使命についてです。

今世、地球神である主エル・カンターレが総裁先生として地上に下生され、今、われわれの前にお姿を現してくださっています。そして、ご説法をたくさん頂いているわけですけれども、私たちは、これを世界の人たちに見ていただきたいですし、後世に、しっかりと遺して伝えていかなければならないと思っています。

ですから、エル・カンターレというご存在にふさわしいお姿を、あるものを活用して、できるかぎり表現させていただきたいと考えているわけです。

さらに言えば、ご法話のテーマは毎回異なり、宗務としては、説法テーマや招霊する霊人などに合わせ、スーツから小物にわたって、ふさわしいものを選んでご用意させていただいています。

宏洋氏は、信者の方々がお布施されたなけなしのお金が、そういうものに使われているのはどうかなどと言っていますけれども、逆に、信仰の対象であるエル・カンターレのお姿を映像を通して知ることになる後世の人々のために、尊いお布施が使われるということは、とても神聖な使われ方であると考えています。

「総裁の衣装は教団の宝物である」ということの意味

武田亮　また、宏洋氏の本にも書いてありますけれども、それらのものは教団の「宝物」、教団財産です。つまり、教団のほうで管理している財産でありますので、後継する方々がお仕事をするときに使うこともできますし、未来にわたって教団の宗教活動のなかで、さまざまなかたちで活用できるものであります。

お寺の「宝物」である仏像や法具などと同じで、宗教にとってかけがえのないものであり、宗教活動に必要なものということになります。

例えば、当会の行事では、その規模やテーマに応じた宗教的空間をつくるために、説法壇などに、さまざまに装飾を施しているわけですが、総裁先生が身に着けられるお袈裟や宝飾品も重要なその一部となるのです。

そもそも、信仰のない宏洋氏に宗教の価値が分かるはずもなく、尊いお布施について非難できる立場にないと言えます。

同じ法具を、三十年間大切に使い続けている

酒井太守　付け加えますと、総裁先生は物を大切に使われるんですね。例えば、昔、信者さんからお布施されたダイヤの装飾が施されている正心宝（幸福の科学のシンボルマークであるＲＯマークをかたどったペンダント型の法具）を、今も使われています。

大川隆法　（胸に着けている法具を示して）これは、三十年ぐらい前に、十人ぐらいの

大黒天の方がお金を出し合って、下さったものです。「先生がほかの人と同じ正心宝をしているのはおかしいから、もう少しいいものを着けてもらわなければいけない」ということで、ダイヤをちりばめたものをつくって進呈してくださったものなのです。その後、三十年ぐらい使っています。もちろん、行事のとき以外にはしませんけれども、ありがたいことだと思っています。

説法用の衣装は、採算が取れるようにしている

大川隆法　また、先ほどの説明に足りないと思うものとしては、東京ドームで大祭を行っていたころのことですが、一九九一年から九五年にかけて、年二回、計十回の説法をし、各回の演出に合わせてつくられた法衣を着用しました。そのときの映像もあると思います。

あの法衣は、皇室に出入りしているような有名な方が信者にいて、デザインをされていたのですけれども、一回につき二百万円か、それを超えるぐらいかかったため、

もっと安くしようとして、その後はスーツと半袈裟だけにしているわけです。

そのお袈裟は、先ほども言われていたように、ビーズ等のお袈裟になっています。色は何種類かあって、着る服とテーマに合わせて変えています。例えば、今日のような降魔（ごうま）系のテーマのものであれば赤いお袈裟が出てきて、説法系であれば黄金色のものが出てくるという具合です。そうしたテーマに合わせて出してくるのです。

「ファッションセンスがない」とおっしゃっていることについては、私についてはそうかもしれませんが、それを選んでくださっている方々に対しては、失礼かなと思います。

それから、スーツを仕立ててくださっている方も、すでに七十代であり、定年を超えて十四年も働いてくださっている方ですけれども、日本ではいちばん腕のいいタイプの方であるというのはそのとおりです。

先ほど、年に三十着程度つくっているという話もありましたが、スーツは春夏で五着前後、秋冬で五着前後で、あとはブレザーのほうが多いかと思います。

去年は年間百八十回の説法をしていますので、着回していくと同じようなものばかり出てくることになってしまいます。毎年、説法のときの写真集（『不惜身命（ふしゃくしんみょう）　大川隆法伝道の軌跡』シリーズ〔幸福の科学出版刊〕）も出していますし、なるべく同じものばかりにならないようにしているわけです。ですから、全体的な採算は取れているはずです。

ただ、そのようにし始めたのは、十年ちょっと前ぐらいからです。その前は〝完全自家製〟でやっていました。先の家内のときの趣味で、秋田の開業医である父親がつくっていた服と同じようなものをつくっていたのです。そのため、田舎の校長先生か教頭先生、ＰＴＡ会長が着るような感じの紺のスーツで、何も変わらないのに毎年同じものをつくるような状態が続いていて、「何だかちょっとセンスが合わないな」と思いながら着ていました。ですから、そのころは同じようなものを着ていることが多いと思います。

時計についても同様であり、今であれば散歩用になる程度のものしか着けておらず、ハワイに巡錫したときには、ネジを巻いたら切れて壊れてしまいました。あのときは、国際局の人が、十二時に店が開くのを待って駆け込んで買ってくれました。それは二十万円ぐらいのもので、「これならいいだろう」ということで買ってくださったのです。

それが二〇〇七年ごろのことで、そのくらいのものをしていたのです。特に、二〇〇四年に病気をしたあとは重いものを持ちたくなかったこともあり、非常に軽いものになっていまして、百グラムを超えない、女性もののような薄いものをよく着けています。ただ、それについては趣味の問題かもしれません。

「教団の所有物」というのはそのとおりで、今、購入しているものは、あとあと値段が上がるようなものにしているのは事実です。今は銀行預金の利子が付かないので、できたらあとに値段が上がるようなものを選ぶようにはしていますが、数はある程度、絞られてはいると思います。

『ファッション・センスの磨き方』という書籍を書けるほどの見識

武田亮　すみません、一つ追加で申し上げたいと思います。先ほど総裁先生が、ご自身はファッションセンスがないというようにご謙遜(けんそん)されましたけれども、実際にはそうではありません。オーダースーツをつくる際にも、先生は生地(きじ)をご覧になりながら、「これは、こういう仕事で使えるのではないか」「こういう色を着ると、信者さんたちは喜ぶのではないか」などと、いろいろとお考えになり、生地の一つひとつにこだわりながらスーツをつくっていらっしゃいます。

また、総裁先生は、『ファッション・センスの磨き方』（幸福の科学出版刊）という本を出されています。ファッションセンスのない方であれば、こうした本を出せるわけがないと思うのです。内容をご覧いただければ分かりますけれども、総裁先生はファッションセンスについて本を一冊書けるほどの、さまざまなお考えをお持ちです。

宏洋氏は教学をまったくしていませんので、よく知らないにもかかわらず、いいかげんなことを言っていますが、「『総裁先生にファッションセンスがない』などということはない」と申し上げておきたいと思います。

酒井太守　はい、ありがとうございました。

家では長女が中学時代に贈ったトレーナーを愛用

大川咲也加　ちなみに、これまで言われていないことなのですけれども、私が知っている総裁先生というのは、家のなかでの普段着は本当に質素で、物持ちがいいといいますか、十年以上着ているものもあります。

例えば、私が中学生のときに「父の日」にあげたトレーナーを、いまだにご愛用いただいているので、そうとう物持ちのいい方だなと感じております。

大川隆法　「徳島県人」気質なんです。

大川紫央　家では本当に、安いと言ったら失礼ですけれども、トレーナー姿で、普通のお父さんが着ているものよりも、もっと値段は安いかもしれません。靴下も、穴が空いても縫ってくださる方がいるので、それを使っています。

また、ファッションセンスについて言えば、例えば、私の普段着を総裁先生が一緒に買ってくださることもよくあるのですけれども、先生はお店の方にもよくほめられています。「そういうものを選ばれるんですね。でも似合いますね。さすがですね」とか、こうしたことをけっこう言われています。

一回の買い物で数十万円を使っていた宏洋氏

大川紫央　宏洋氏こそ、いつも竹内由羽さんに服をセッティングさせていましたよね。

竹内由羽　そうですね。基本は「人任せ」でした。

先ほど、「海外で時計が壊れて二十万円ほどの時計を買われた」というお話をお聞きしましたけれども、彼の場合は、二十万円弱ぐらいの時計を見て、「あっ、すごく安い！」と言いながら買うような方でした。

そもそも、出家(しゅっけ)している間は、公の場所に出る回数も少なかったのですけれども、ほぼ普段着で着るような服も、かなり高額なものを買っていました。一回、買い物に行くと、十数万円以上、数十万円は当たり前のように使う生活をしていたので、「あなたには言われたくない」と言いたいですし、今の彼を見れば、センスがないのはどちらなのかは、一目瞭然(いちもくりょうぜん)ではないかなと思います。

総裁のファッションは、信者にとっての楽しみでもある

鶴川晃久　今、私は東京正心館という精舎で館長をさせていただいているので、信者のみなさんの声をお伝えいたします。

総裁先生のファッションにつきましては、例えば、雨の日のご説法では、気分が明るくなるようなグリーンのスーツをコーディネートして、ジャケットの裏地まで見せてくださって、信者のみなさんもワーッと喜んでいました。ご婦人や学生さんなどが、「今日の政治の話はちょっと難しかったかな」「自分にとっては復習しないと分からないかな」と思うようなときでも、「今日は、総裁先生が本当にお元気そうでうれしかった！　次の講演会ではどんなファッションをしてくださるんだろう」ということで、総裁先生のファッションというのは、信者のみなさんにとっては、楽しみなことの一つになっているんですね。

また、先ほど、武田さんも、総裁先生がお買い物をされるときのことをお話しされ

ていましたけれども、ブランドのセールスパーソンとのやり取りや、そのときにあった出来事などから、例えば、『伊勢丹流「できる営業マン7つの条件」』（宗教法人幸福の科学刊）であるとか、『ファッション・センスの磨き方』（前掲）など、いろいろな「法」「教え」に必ず転換してくださるわけです。

　信者にも経営者の方がたくさんいらっしゃって、私も経営者研修をよく担当しているのですけれども、そのなかで、「ああ、こうやってサービスというのは質を上げていくべきなのか！」「接客においては、こういう間違いがあるんだ！」というような反応があります。総裁先生の場合、普段のプライベートも、「楽しみ」である以上に、それが「法」に変わって、必ず、「人類の救済」につながっていったり、「いろいろな人の成功の手助け」になったりしているんですね。

　ですから、信者のみなさんは、総裁先生のファッション、腕時計等の宝具には、本当に価値があると感じられています。そしてまた、「最先端の美を取り入れた『経営の法』を、もっともっとお説きいただきたい」という思いで見ていらっしゃるんですね。

　つまり、喜びでしかないわけです。信者さんは喜んでお布施をされていて、「主にお使いいただきたい」と思っていらっしゃるのが現場の本音です。

衣装にもオウムと幸福の科学の違いが表れている

大川隆法　まあ、肉体美は鍛えていないので、宏洋がYouTube動画で悪評を立てているパンツ一丁では出られず、本当に申し訳ないなと思っています（笑）。もっとも、そういう流派もあって、ヨガのほうには何も着けないところもあるので、パンツ一枚で東京正心館に出られる人がいたら大したものだなとは思うのですけれども、残念ながらお見せできるほどではありませんので、多少は隠す必要があります。

また、私の姿は仏像などにもすでになっています。本来は帰天していなければつくられないものだと思うのですけれども、先行してつくられていますので、本当は法衣を着ていなければいけないのかもしれません。ただ、先ほども言いましたように、少々時間とお金がかかるので、簡易なかたちでさせていただいています。

ローマ法王などが頭に被り物をしているように、最初はああいうものもつくってもらっていたのですが、頭に物を載せると、実は、霊示が降りてこなくなってしまうのです（笑）。あれは二キロぐらいあって重いので霊示が降りにくくなるし、お辞儀をしたら落ちてしまったりするので、意外に、あまりいいものではないのです。

中身のない話で、原稿を読むだけならいけるのかもしれませんが、〝中身がそのときに降りてくる〟ものだったら、ちょっと障りがあるので。

仏像のスタイルとしては、昔、使ったものを使わせていただいていますけれども、今はなるべく現代的なかたちでさせていただいています。

また、スーツ中心になっているので、「宗教的ではない」という考えもあるとは思いますが、オウムと幸福の科学を分けたのはここかもしれないと思っています。オウムはインドの修行スタイルのようなものを、日本でやって歩き回っていたのが気味悪がられたとは思いますけれども、「幸福の科学の人は常識的ですね」と、外の人から言われたところはあるのではないかと思います。

3　公（こう）と私（し）の考え方

公私混同しているのは宏洋氏のほう

大川紫央　長くなって申し訳ないのですけれども、一点、付け加えたいと思います。

総裁先生は、「公費と私費の考え方」もかなり明確に、日々、シビアに考えていらっしゃる方です。

仕事で使うものは主に公費で買われます（私費で買ったものもテーマによっては仕事で使う）。お子さんたちや私のものを購入（こうにゅう）してくださるときもそうですけれども、総裁先生はお店の方にも、「これは公費で買いますが、これは私費で買います」といった言い方をされるので、逆にお店の方から、「こんなにシビアに考えていらっしゃるんですか」というような反応をされることも、よくあります。

おそらく、先生は今、宏洋氏も含め、お子さんたちに対して、「公費と私費」などのお金のところも含めて「公私混同しないように」と、いろいろと教育をされていると思うんです。でも、先生が宏洋氏に、いくらそういう考え方を教えたとしても、右から左に抜けていくだけで、本人は全然、勉強しないですし、分かろうとしませんでした。

そして、この本に書いてあるような感じのイメージ操作でアンチの人を引きつけて、どうにか攻撃できないかということをやっているだけだと思います。

こうしたお金の使い方一つを取っても、「公と私の分け方がいちばん分かっていないのは、彼のほうだ」と言いたいです。

宏洋氏にお布施の「神聖な使われ方」を定義できるのか

千眼美子　すみません、難しいことはちょっと分からないのですが、ついこの間まで在家信者だった私から言わせていただきます。
当時は、五万円のお給料で、本当に汲々の生活をしているときであったので、まさに「なけなしのお金」ではあったんですけれども、そういったなかでも、支部に行ったり、精舎に行ったりして、「お布施させていただく」ということに意味を感じていました。お布施させていただいたお金が、総裁先生のスーツになっていたらすごくうれしいですし、何なら、総合本部の床の清掃代になっていてもうれしいですし、職員さんのご飯代になっていてもうれしいという気持ちでお布施をさせていただいていました。

宏洋さんご自身は、お布施から頂いたお給料をキャバクラに使っていたと聞いたんですけれども、そもそも、そういう人に「神聖な使われ方」というものを定義できるのかという疑問があります。

総裁に服を選んでもらって喜んでいた宏洋氏

大川真輝　「ファッション」というところで、今、思い出したことがあります。「センスがない」というと、私などは本当にそうでして。私は大学時代、けっこう総裁先生に服を買っていただいていました。スーツもそうですし、Tシャツやズボンなども選んでいただいていた記憶があります。

「自分が父親になったら」と想像すると、大学生の息子の服なんて、普通は分からなくて買えないはずなんですが、先生は本当に上手に選んでくださって、私はそれを着ていました。

そういう意味で、若者の立場からしても、「総裁先生はセンスがない」という言い方はできないはずです。私は、今でも先生に買っていただいた服を着ているので、「それは違うな」と感じます。そういうことを、今、思い出しました。

竹内久顕　私も一点、思い出したのですけれども、確か、宏洋氏が大学一年生のときに、「大学に入った」ということで、総裁先生と彼と私で、伊勢丹かどこかにスーツを買いに行ったんです。
あのときは、彼が選んでいるというよりは、総裁先生が、「こんなのがいいんじゃないか」と言って選んでくださって、本人は、「これ、似合いますかね」などと言ってすごく喜んでいました。

ブランドもののコートも買ったと思いますが、総裁先生は、「これは、今はまだ子供で似合わないけれども、何年か後に、大人になってもう少し貫禄が出てきたら似合う服だよ。こういうコートは、ある程度、長い間使えるから買ったほうがいいよ」というたアドバイスまでされていたんです。

彼は本のなかで、先生に対して「衣装のセンスがない」などと言っていますが、大学一年生のときは、先生に服を選んでいただいたことをかなり喜んでいましたので、ここにもかなり矛盾はあります。

大川隆法　この本の結論のほうにありますが、私などは「路傍（ろぼう）の石」「道端に転がっている石ころ」らしいので、「もうちょっと着飾らないと危ないかな」と思っています。磨いて光らないと危ないぐらいですね。本人は、「年を取った人はみんなゴミ」という言い方をよくするような人で、年齢で人を判断する人ではあるので。

年を取ったみなさんは、ファッションセンスを上げないと〝ゴミ〟として見られるので、気をつけたほうがいいのではないかと思います（笑）。

「ファッションに投資した分、仕事をして回収する」という考え方

大川直樹　「ファッションセンス」とは違う観点なんですけれども、一点、お話しさせていただきます。

総裁先生が購入される腕時計や洋服は、教団の所有物として、お仕事で使われているものです。ですから、秘書である私などから見ると、「これらは当然、買ってもよいものだ」と考えるところなのですが、総裁先生は購入されたあとに、いつも、「この金額に見合うだけの仕事をしないといけない」と言われます。

信者さんから頂いたお布施で購入させていただいたものに対して、「もっと法を説いて広げるという仕事をして、（腕時計や洋服への）投資を回収していかなければいけない」と言われるのです。

私は普段の何気ない会話のなかで、そういったことを本当によく耳にしています。

このようなところからも、総裁先生は仕事やお金に対して誠実な方であると理解いた

だけると思います。

酒井太守　はい、ありがとうございます。

後世の人々にとって大切になる「宝物（ほうもつ）」

酒井太守　では、次に行きたいと思います。

七ページの最後から八ページにかけて、**「将来は博物館のような場所に陳列されるそうです」**とありますが、このように言った方は木村さん以外、私は聞いたことがないのですけれども、そういうことでよろしいですよね？（会場笑）

木村智重　そうですね。実際、総裁先生がご帰天されたあとは、先生が身に着けられていたお袈裟などは、「宝物（ほうもつ）」になると、私は考えていましたし、宝具もそうですけれども、大切にして、後世に伝えるべきだと思っています。仏陀（ぶっだ）・釈尊（しゃくそん）が身に着けておられた袈裟衣やイエス様のローブが、今、遺っていたとしたら、いったいどれほどの価値を持つと思いますか？

これから幸福の科学の宗教施設が全世界に広がれば広がるほど、「少しでも総裁先生が身に着けておられたものを見たい」という信者さんも増えていきます。また、時代が下ると、総裁先生に会えない信仰者たちの寂しい思いは確実に強くなっていくでしょう。今の、この数十年間の時間は、これからの数千年の時間を凝縮した今世ですから、総裁先生が身に着けられたもの、触られたもの、こういったものを「宝物」として、大切に後世に伝えていくべきだと信じていましたし、今も信じています。

酒井太守　そうですね。後世の方にとっては、総裁先生を知るよすがとして、本当に大切なものになると思います。

大川隆法　記録ということで言いますと、例えば、鳴門にある聖地・四国正心館に、私の子供時代の像が二宮尊徳風に建っていますが、私から見ると、「首から下は高校時代で、首から上は中学時代」なんですよ。要するに、頭の帽子には川島中学の校章が付いていて、提げているカバンは城南高校時代のものなんです。

当時の記録が、それほどはっきりと残っていないから、ああいう結果になるわけです。「どういうスタイルで説法したか」というようなところは、今、記録をだいたい取っていると思いますけれども、後世にとっては大事なことかとは思っています。

酒井太守　ありがとうございます。

4　幸福実現党についての真実

「総理大臣になりたい」「日本のトランプになりたい」はまったくの捏造

酒井太守　ほかに何か指摘しておきたいところはありますか。

大川咲也加　八ページなのですが、総裁先生の願いとして、「総理大臣になりたい。日本のドナルド・トランプになりたい」とあります。

これについては、この本で何回も出てくるのですけれども。

酒井太守　総裁先生からは、聞いたことはないですね。

大川咲也加　はい。私も聞いたことはないですし、今は立候補もされていません。

宏洋さんは、「宗教家の仕事は、総理大臣よりもはるかに尊い仕事であって、日本だけではなく、世界を教え導く仕事だ」というところを理解していないのだろうなと思います。総理大臣がすごく偉く見えているのだろうなという感じがします。

大川隆法　これは何回も書いていますね。

大川紫央　はい。あと、「日本のドナルド・トランプになりたい」と書いているんですけれども、そもそもドナルド・トランプ氏が大統領になる前に幸福実現党は立党しています。

酒井太守　おかしいですね。

大川紫央　どっちなんだ、という（笑）。

大川隆法　これは、どちらかというとジャーナリストのほうの考えかもしれないですね。

酒井太守　そうですね。そういうことを聞いたことがあるという人はいますか。

村田堅信　私はいちばん長い部類ですけれども、宗務にいたときも、総裁先生の法としても、こうしたことは一度も聞いたことはありません。

酒井太守　信者からすると、総裁先生の目標としては、かなり低いものですけど。

村田堅信　そうですね。

宏洋氏も幸福実現党の政策を提言していた

大川隆法　私は、宗教家のほうが上だと思っていますが、最初のほうに一度、選挙に出たことはあります。二〇〇九年の八月末に投票の選挙だったと思います。

当時の妻だったきょう子さんが、一時期、党首をやっていたものの、大騒ぎした結果、党首を投げ出してしまったのです。

最初は、前にいた饗庭君を党首に立てていたのですが、彼女はそれを押しのけて、「自分が党首になりたい」と言って、やりました。しかし、結局、世論調査か何かが出たときに、「これでは負ける」というので、投げ出すというようなことでした。

その後、八月の半ばぐらいだったと思いますが、当時、私は静養に行っていたのですけれども、新聞を開けてみたら、「幸福実現党 撤退へ」と書いてあって、「これは大変なことだ」となりました。秘書のほうで静養の計画を立てていたので、群馬へ行って二日目だったのですが、「撤退と書いてある」ということで、慌てて下山した覚えがあります。確か、公開で党の公約などの話をする収録の前の日ぐらいに帰ったのではないかと思います。

それで、急遽、最後の二週間ぐらいは私が事実上の党首になっています。

この騒ぎのとき、きょう子さんは、「もう解散しよう」といったことを政党のほかの幹部と話していたのだと思うけれども、そのときに、私の寝室の外側か玄関のあたりの廊下に寝て、番をしていたのは、むしろ宏洋のほうでした。

男の子三人が夜の十一時にやって来て、「パパ、やめちゃいけない。暑いなか、みんなが汗を流して、街頭で一生懸命、演説している。これでやめたら信者さんががっかりしちゃうから、絶対にやめちゃいけない」と言ったのです。

そして、きょう子さんが来て、「やめろ」などと言って怒鳴(どな)り込んできたらいけないというので、宏洋が廊下に布団を敷(し)いて寝ていたのを覚えています。

そのように、「やれ」と言ったのは子供たちのほうでした。

少しは記憶しているのではないですか。

大川真輝　はい、記憶があります。

大川裕太　宏洋さんの本でも、そのとき宏洋さんが撤退に反対したことについては触れられているんですけど、私たちきょうだいも一緒だったことは書かれておらず、自分一人の手柄のようになっています。

そのときは、宏洋さんと真輝さんと私で、「絶対やめちゃいけない」ということを言いに行きました。きょう子さんのほうが、「信者さんもみんな大変なので、やめたい」と言っていました。

大川咲也加　あのとき、私もいました。

大川裕太　はい。咲也加さんもいました。

ただ、この本全体を通して見ると、基本的には、「政治活動は総裁先生が総理大臣になりたいがためにやっている」というような否定的なスタンスで書かれていますよね。「たとえ党に不利な状況でも、日本のために言うべきことは言い、行動すべきことは行動する」という、私たちの志のところは、まったく理解していないようです。

大川隆法　あとで出てくる、裕太の「いじめ事件」についても、批判的なことを言っているような気がしますけれども、宏洋はそのとき、「大川家が戦わずして、戦えるところはほかにはないはずだ。学校や教育委員会と戦えるのは大川家ぐらいしかないから、徹底的にやるべきだ」と言っていましたよ。

それから、政治についても、「『核ミサイルをつくって撃ち込もう』と堂々と言ったらいいんだ」と、彼は言っていましたよね。

言っていることが、全然違いますね（苦笑）。

大川裕太　そうですね。

あと、細かいことですが、「**弟の真輝と裕太は一時期、党の役職に就いていたことがあります**」と過去形になっているのですが、私は現役で党の役職に就いておりますので、ここも訂正させていただきます。

竹内由羽　一点だけ、付け加えてもよいでしょうか。

私は、二〇一九年の一月ぐらいまでは、宏洋氏本人とのやり取りをずっとしていまして、この本に書いてあることは、本人から聞いたことがあるようなことがすごく多かったんですけれども、この**「総理大臣になりたい」**とか、**「ドナルド・トランプになりたい」**とかいうことを総裁先生が言っていたというのは、本人の口から一言も聞いたことはなかったです。

それ以降、宏洋氏は総裁先生にお会いしていないのに、どこでこの情報を聞いてきたんだろうなというのが疑問です。

酒井太守　なるほど。

大川裕太　ちなみに、幸福実現党は、政策として「大統領制」を掲げています。右翼の方などからは、「大統領制を提案しているのは、おたくから大統領を出したいからではないか」といったことを言われることもありますので、「総理大臣になりたい」というのは、政策的にも、ちょっと違うかなということも言わせていただきます。

5　文春はすでに宏洋本を「危ない本だ」と感じている？

酒井太守　九ページに、**「本書は、基本的に私が見聞きし、経験したことで成り立っています」**とあるのですが、私などから見ると、彼の経験とは思えない部分がたくさんあります。

特に、彼の性格からして、細かい数字などについては覚えていないと思います。このあたりのところで、「彼以外の人が書いている」「ライターが書いている」という箇所がかなり紛れ込んでいるということもありうることかと思います。

大川隆法　ちゃんと打ち返しておいたほうがよいと思うのは、昨日、私のところに上がってきた「週刊文春」の記事（コピー）のなかに、この本の〝ゴーストライター〟（取材・構成）の名前まで書いてあるというところです。この宏洋本を書いたライターについて、「フリーライターの誰それだ」ということまで書いてありました。

文春がそういうことを書くということは、社会的に非難を浴びて責任を取らされることになったときに、「その人をクビにして、それで終わった」としたいからでしょう。本が出たときに〝ゴーストライター〟の名前を出してくるのは、「すでに逃げに入っている」ということで、「〝やばい〟と思っている」ということだと思いますね。

ちなみに、「フライデー事件」のときに「フライデー」の記事を書いた早川和廣という人はフリージャーナリストですけれども、いちおう十年戦争をした結果、「もうライターとしては使えない」「どこも一切、使ってくれなくなった」ということで、廃業というのをやっています。

彼らのやり方としては、「社員がやった」とか「編集長がやった」とかいうのではなくて、フリーの人にだんだん転嫁していって、最後、その人のクビを切って終わりにするというスタイルに逃げ込むのです。

今回は、最初からそのスタイルなので、すでに「そうとう危ない本だ」とは感じているのだと思います。ですから、「どこが危ないか」をきちんと教えてあげたらよいと思います。

酒井太守　ありがとうございます。

6　東京ドームとオウム事件の真実

四歳で東京ドーム説法(せっぽう)の内容を判別できるわけがない

酒井太守　それでは、第一章に入ります。一二ページからです。ここもけっこうたくさんありますね。どうでしょうか。

咲也加さん、どうぞ。

大川咲也加　「小さい頃から、東京ドームでの講演会を見て疑問を感じていた」といったことを言っているのですけれども……。

大川隆法・酒井太守　（苦笑）

大川咲也加　「話の内容も、よく聞いてみたら大したことは言っていない。『何に興奮してるんだろう、この人たちは』と、全然理解できませんでした。『この話のどこに、人は心を動かされるのか』と、疑問に思えて仕方なかったのです。この感覚については、きょうだい全員一緒だと思います」ということで、一括りにされてしまっているのですけれども、そもそも四歳で、総裁先生のお話の内容について、「大したことは言っていない」などと判別できる力はないはずですよね。

そのあと、二一ページにも、霊言について、「**私は小学校に入る前から、『つじつまが合わない説明だ』と思っていました**」「**4歳の私にも分かりました**」と書いていますが、何なんだろうという……。こちらとしても、その発言自体がよく分からないのですけれども。

総裁先生の御法話に関して、「**何に興奮しているか分からない**」というところについて言うと、私はそんなことはなかったので、「**きょうだい全員**」と言っていますが、私に関しては、否定させていただきたいです。

それに、総裁先生のお話を聴いて、本当に心洗われて、涙を流される方々のその心は嘘ではないし、信者のみなさんも本当に喜ばれて、総裁先生の御法話を聴かれていたので、「何に興奮しているのか分からない。この話のどこに人が心動かされるのか分からない」といったことを宏洋さんが思ったのだとしたら、それは、「宏洋さんが幼かったから、分からなかった」ということだと思います。

四歳ごろの宏洋さんが東京ドームに行ったときのことをご存じの方に、お話を伺えればと思います。

大川隆法　当時、本人は外野席で秘書たちと一緒に双眼鏡で見ていました。私はホームベースのあたりにいるので双眼鏡でないと姿が見えないらしく、双眼鏡で、「あれ、ほんとにパパなの？　ほんとにパパ？」といった感じで見ていたようです。

なお、二歳ぐらいまでは、宏洋は留守番をしていました。そのころは、私が帰ったあとに家で説法のビデオをかけて観ていたのですが、ビデオをかけると、宏洋は一緒に観ようとやって来ました。私の説法は三、四十分ぐらいですが、彼は当然、内容が分からないので、『にんじんさんがあかいわけ』という絵本を持ってきて、「これを読め」と言って、私の膝の上に座って読ませていたのです。
　そのように、『にんじんさんがあかいわけ』の絵本を読んでいた子供に、東京ドームの私の説法が分かるはずはないでしょう。ただ、分からないのが悔しくて、いちおう、そういう行動をしていたのだろうと思います。

佐藤直史　当時、私は、東京ドームのＶＩＰルームに彼を連れていって、一緒に見ていましたけれども、彼の感想は、「パパにこんなに人が集まってくるんだね、すごいね！　パパ、すごいね！」でした。それしかなかったですね。

酒井太守　「パパ、すごいね」ですね。

総裁から「パパと呼んではいけない」と言われたことはない

大川裕太　その前の部分、一二ページに戻るのですが、「『父と子である以前に、師と

弟子である』『「エル・カンターレ」を肉体的な父親として見てはいけない』と、常々言い付けられていました」というところがあって、総裁先生から言いつけられていたと言っているんですけれども、私はそんなことを言われたことはありません。

職員のみなさんから、「こういうふうに考えないといけないんだよ。甘えちゃいけないんだよ」というように言われることはありましたし、あるいは、自主的に、「謙虚な立場として、そうあるべきだ」と思って修行をしている面はありますけれども、総裁先生からは、むしろ、「父親としての責任を果たさないといけない」というような、そういうお気持ちを私はいつも感じていました。

また、あとのほう、七一ページに出てきますけれども、総裁先生が、「**『先生と呼びなさい』と言いました**」と、「**だから子どもたちはみんな、家の中でも『先生』とか『総裁』と呼んでいます**」と、「パパと呼んではいけない」と言われたようなことも書いてありますが、そんなことはまったくありません。

大川真輝　それはないですね。

大川咲也加　宏洋さんは高校生ぐらいまで、「パパ」と呼んでいましたよね。

大川裕太　今でも、呼ぼうと思えば呼べますけれども。

大川真輝　この『エル・カンターレ』を肉体的な父親として見てはいけない」というところについては、おそらく、咲也加さんの講話で勉強した内容なのではないかと思います。宏洋さんが、咲也加さんの講話で聴いて、「ああ、それは大事だな」と思って、覚えていた内容ではないかなと思いますね。

「防弾車」と「オウムによる監視」の真相

大川咲也加　あと、防弾車のところですね。

酒井太守　一四ページですね。

大川咲也加　**「当時の車は、用心のため全て防弾仕様でした。車種はセンチュリーやクラウン、子どもたちが乗るフォードフリーダなどがありました」**と書いてあるのですけれども。

酒井太守　センチュリー、クラウン、フォードフリーダは防弾仕様ではありません。防弾車は二台しかありませんでした。彼らしい、いいかげんな発言です。

あと、池田山のマンションの**「向かいにあるマンションの一室をオウムの信者が借りて」**総裁先生の動向を探っていたといったことが書かれていますが、これは事実でしたでしょうか。

村田堅信　これは違うのではないでしょうか。

佐藤悠人　もう少し離れたところですね。

酒井太守　離れたところですよね。向かいの部屋ではない。

大川隆法　近所にある天理教の横の駐車場あたりのところに、隠しカメラを仕掛けられていたのは事実です。それで、警察の公安の人が当会に来て写真などを見せて、「これが、どこか分かりますか」と尋ねたのですが、広報担当が見ても分からなくて、「どこなんでしょうかね」と言ったら、「これは、おたくの主宰（当時）が住んでいるところですよ」と言われたんです。それで、「あっ、そうなんですか」と。

「これは二十四時間、撮（と）られています。あちらには射撃の名手がいて、国体に出たような人もいます。暗殺を狙っているから、朝に出る時間とコースを毎日変えてください」と、公安のほうから言われたのです。そのころの話だと思います。

そのころ、警察庁の國松（くにまつ）長官が狙撃されましたが、私のほうは、ちょうどその二日前ぐらいに働きかけていて、「早く動かないと、やられるよ」と言って、あちらのほうを注意していたのですけれども、実はこちらのほうも狙われていたという状況でした。

でも、これは時期的には短いのではないでしょうか。

「何度も何度も同じ話を聞かせる」のは宏洋氏本人のほう

酒井太守　あと、一四ページの最後のほうに、**「聞き手に何度も何度も同じ話を聞かせて『すり込み』をし、洗脳するのが彼の手口です」**とありますが、これは真逆で、総裁先生は、どちらかというと、どんどん新しいお話をされていくように思いますけれども、そのあたりはどうでしょうか。

大川隆法　**「カリスマ性があるとすれば、話が長いことでしょう」**と。まあ、ずいぶんなほめ言葉だなと思いますけれども。

大川裕太　大川隆法総裁先生は、本当に、八万四千（はちまんしせん）●の法門といいますか、いろいろな

●八万四千の法門　釈尊の説いた「無数の教え」を表した言葉。釈尊は、さまざまな人を導くために、対機説法を行い、その人に合った教えを説いていた。『信仰告白の時代』（幸福の科学出版刊）等参照。

本を出されていますし、三千回以上の、本当に多様なタイトルのお話をされています。聞き手に何度も何度も同じ話を聞かせて、刷り込みをして洗脳するのは、宏洋さんのほうであって、**「物量としつこさで」**とありますが、みな、彼の意見を聞いていると、もう……。

酒井太守　同じことしか言わない。

大川裕太　そう、同じことしか言わないので（笑）、これは、自分のことではないでしょうか。

酒井太守　はい、分かりました。

オウムが何をしたのかも知らないのでは

酒井太守　次に一五ページ、オウムの麻原彰晃を引き合いに出し、**「二人が違うのは学歴くらいではないでしょうか。あとは、ほぼ一緒かなと思います」**とありますが、この認識についてはいかがでしょうか。

大川紫央　宏洋氏は、オウム真理教が何をしたのか知らないのでしょうか。

酒井太守　たぶん知らないでしょう。

大川紫央　知らないんですか。

大川隆法　知らないけれどもちゃんと書けているので、これは別の人が書いているのでしょう。

大川咲也加　おそらく、宏洋さんは本当に、オウムがしたことが何であり、それが社会的にどれほど許されないことであったのかを理解していないのだと思います。**「当会とオウムの違いが教祖の学歴ぐらい」**と言っていたら、逆に、「この人は何を言っているのだろう」と思われますよ。毒ガスのサリンをつくり（機関銃もつくり）殺人事件まで起こしている団体と大差ないというのは、本当に失礼な話です。

7 過去世認定の真実

「過去世認定をして即刻処分された」ということはない

酒井太守　一六ページ以降ではどうでしょう。

大川咲也加　過去世の認定について、総裁先生以外の人間が行うと、「即刻『悪魔』として処分されます」とありますけれども。

酒井太守　こんなことがあったんですかね。

大川咲也加　それは聞いたこともないです。

酒井太守　どなたか聞いたことはありますか。

竹内久顕　宏洋氏が大学四年のころ、彼に呼ばれてペーパーを渡されたことがありました。どうも、宏洋氏が自分で自分の友達の守護霊（しゅごれい）を呼んだようで、そこには、「この人は、『項羽（こうう）と劉邦（りゅうほう）』に出てきた誰々だ」「この人は誰々だ」と書いてあったんです。なぜか僕の守護霊のことも書いてあって、「竹内さんはこういうことを思っています」と言われたんですけれども、とても信じられるものではありませんでした。

そうしたら、その翌日に総裁先生が、その宏洋氏の友人の守護霊をお呼びして、正確に調べてくださったんです。すると、その友人の守護霊は、「宏洋のところになんか一度も来ていない」と言うわけです。「では、彼が行（おこな）った過去世認定は、いったい何だったのだろう」ということで、総裁先生からの正確な霊査（れいさ）を本人には伝えました。

でも結局、本人はそれを認めず、「自分の過去世霊査が違っていた」ということを客観的に見ているのに、それはもうなかったことにして、「自分の霊言だけが真実で、正しいことなんだ」ということを引き続きやってはいました。

さらに、少し時間が飛ぶのですけれども、ニュースター・プロダクション●に入ってからも、「ある女性のタレントの生霊（いきりょう）がずっと来ていて苦しい」「そのタレントが自分に結婚を求めてきている」「ずっと念波（ねんぱ）が来て苦しい」などと言うので、実際に総裁先生に調べていただいたところ、別の方の生霊だったということがあったんですね。

そういった感じで、彼は、過去世認定や生霊が来ている認定を自分でするんですけれども、総裁先生のほうで審神者（さにわ）をしていただいて、「それは違う」ということになっても、それを信じず、「自分に来ている霊言のほうが正しい」と、常に言い続けているような状況でした。

酒井太守　この過去世認定をしているのは、宏洋氏しかいませんでしたよね。宏洋氏以外は、あまり聞いたことがないのですけれども。

大川隆法　あとは、きょう子（こ）さんが、自分をナイチンゲールと言っていましたね。

〝自分教〟になりつつあった最後のほうのときには、ナイチンゲールの時代の人たち

●ニュースター・プロダクション　幸福の科学の芸能プロダクションの一つ。

をたくさん調べて、「あのとき恋人だった人がこの人で、このときに財政支援をしていたのがこの人で」などと言って、いろいろな人に当てはめて考えていたというように聞きました。私は直接には聞いていないので、よく分かりませんけれども。

考え方としては、自分の教団をつくるときの幹部のようなものを、少し探して集めていたのではないでしょうか。

酒井太守　そのときも、別に、「即刻『悪魔』として処分」されてはいないですね。

大川隆法　されてはいないですね。

大川咲也加　先ほどの竹内さんのお話は、私も聞いたことがあります。宏洋さんは、大学時代のお友達の過去世に「黒田官兵衛（くろだかんべえ）や竹中半兵衛（たけなかはんべえ）がいる」とか、何かそういう話を自分で言い始めて、それを総裁先生に言ったところ、「それは違うよ」と言われたりしていました。

ですので、**「隆法以外の人間がこれを行うと」**というのは、自分の話のことです。宏洋さんが、「自分の友達の過去世は、これなのではないか」と言ったら、「違うよ」と言われたことが、**「即刻『悪魔』として処分」**されたという話になっているのではないでしょうか。

大川隆法　（笑）

大川咲也加　でも、誰もそのとき、宏洋さんのことを悪魔とも言っていませんし。

酒井太守　被害妄想ですね。分かりました。

過去世が明かされても、周りからのチェックは働いている

酒井太守　あと、一六ページの後ろのほうに、「『過去世』というのは、教団内での〝格

付け〟として使われる場合が多いです」とありますが、これについては、過去世では偉くても、出世していない人もいます。

大川隆法　うーん。

大川咲也加　ご自身で、「自分の過去世は何々だった」と名乗る方というのは、守護霊リーディングによって出てくるわけですが、そういった方々が全員、すぐに出世されるわけではありませんし、「本当かな」という目で見られながら、「実際に仕事ができるか」といったところを客観的に見られているとは思います。

酒井太守　そうですよね。

宏洋氏が行う過去世認定に「妙な偏り」があった理由

大川裕太　すみません。ちょっと、彼の過去世認定の話に戻るのですけれども、私も、宏洋さんの大学の友達の霊査を見せてもらったことがありました。

これは、真輝さんが『宏洋問題を斬る』（幸福の科学総合本部編、幸福の科学出版刊）で突っ込んでいたことだと思うのですが、宏洋さんは十人ぐらいの友達を霊査しているんですけど、みんな、「項羽と劉邦」か「三国志」か「戦国時代」か「トロイ戦争」の登場人物なんですよね。なぜ、みんなこの時代なのかというと、宏洋さんがマンガやゲームなどで知っているキャラクターだったんです。

これは、真輝さんが部屋を捜索したんですよね（会場笑）。

大川真輝　トロイ戦争のゲームか、ＤＶＤか、何かが出てきました。

大川裕太　そう。「なんでトロイ戦争なんだろう」というところがみんな分からなくて、真輝さんが宏洋さんの部屋を捜索したら、「ＴＲＯＹ無双」というゲームがあり（会場笑）、すべてそのキャラクターだったということがありました。

酒井太守　知識がそこまでしかないので、すべてそこに集約されるわけですね。

大川裕太　そうなんですよ。ストックがそこしかないんです。

酒井太守　これは、知的訓練が足りないので、理解ができないということですね。

過去世は自己申告が多いので三角測量が必要

酒井太守　次に、一七ページに、「大川家のきょうだいの中でも真輝・裕太・愛理沙の３人は『過去世』が『変更』される処分受けています」とありますけれども……、これは言っていただけますか。

大川裕太　大丈夫ですよ。

大川隆法　（笑）

大川裕太　別にいいですよ。変更というか、私に関して言えばですけれども、例えば、「天御中主神」というのは、そもそも実体としてないんですよね。実体はなくて、幸福の科学に来てから、「私はこうである」と、ワーッと言い始めているんです。幸福の科学以外の文献には、ほぼ遺っていないんですよ。

なので、変更というよりは、むしろ、自分が主張していただけのことですし、それから、霊体自体はそれほど変わっていないというか、昔から、生長の家的なことを言っているということ自体はそんなに変わりはありません。まあ、それがある意味、天狗だったということです。

大川隆法　（笑）

大川裕太　ただ、それは昔からそうだったので、私自身も、「確かにそういうところがあるな」と、実感としてあります。

なので、別に処分でもないというか、これは、ある意味で〝プレゼント〟でして（笑）。「おまえはこういうところがあるよ」「魂として、こういうところがあるから修行しなさい」ということを言われているのであり、それは私の修行課題なので。

どんな人も、みんな完璧ではないので、私に関して言えば、「ちょっと鼻が高くて、天狗みたいなところがある。自己中である」というところが、今世の修行課題であり、「これを直さないと、今世は修行を完遂できたと言えないよ」ということを言われているだけなので。それで、淡々と修行させていただいているというだけのことなので、まったく処分ではありません。

私は九月二十一日が誕生日なのですけれども、二〇一七年九月二十一日に総裁先生から頂いた〝誕生日プレゼント〟が、「天狗の心がなぜ問題なのか。」という御法話でした（会場笑）。私は、これをもう、「今世のバイブル」と思って修行しているという、ただそれだけの話です。

大阪正心館にも異動になりましたけれども、逆にすごく楽しかったというか、大阪という違う環境でいろいろと勉強もできましたし、私は電車とかも好きだったので、むしろ大阪に癒やされて、すごく心が清らかになった面も……、まあ、完全には清らかにはなっていないですが（笑）、そうなった面もあるので、それは人それぞれです。

それから、教団内では、降格・昇格等もありますけれども、総裁先生の教えとして、「一回上げてみて、下げてみて、それで、どのような人かを判定する」ということを御法話でもおっしゃっています。それはいろいろな幹部の方もみんな経験されていることなので、別に「処分」というわけでもなく、「仕事上の経験」というように私は受け止めております。

まあ、過去世が変更されたからといって、別にそんな……、もとは、主エル・カンターレがいらっしゃっての教団ですから。もともとは総裁先生の教えがあり、その上で過去世のお話をされているので、自分の過去世が変更されようがどうしようが、「もとから教えとしてあったわけではないので」と、私は思っております。「今の自分がそうである」ということを受け入れるのが、信仰の姿ではないかと思っています。

酒井太守　過去世は、基本的に「守護霊の自己申告が多い」というところですよね。

大川裕太　そうなんですよ。総裁先生もおっしゃっていましたけれども、私のように、よくコロコロと嘘をつくような者は、本当に三角測量をしないと、自分の宣伝だけをするんですよ。

大川隆法　（笑）

大川裕太　「自分はこういう人間です」というように宣伝をするので、その本質というものを、みなさんに見極めていただかないといけないわけです（会場笑）。「いいところだけを見ると、こうだけれども、悪いこともやるよね」というところをしっかりと見ていただき、だいたい分かった上で、私は受け入れられているので、そこは、ある意味、ありがたいと思っています。そういうものではないでしょうか。

酒井太守　さすが裕太さんは、過去世は過去世、今世は今世で。

大川裕太　そうなんです。

大川隆法　器が大きいですね。よかったね。将来、大統領になろうね（笑）。

大川裕太　はい。ありがとうございます。

いろいろなところに異動させるのは幹部を育てるため

大川隆法　真輝さんも名古屋(なごや)正心館に副館長として一年行かれたので、裕太も大阪正心館の副館長として一年ぐらいは行ってもらおうかなということだったのですが、これは、幅を広げるためにはいろいろな経験をする必要があるからです。

宏洋は、「東京の渋谷が世界の中心」だと思っているらしいので、地方に行くと、みな左遷(させん)というように取るわけですけれども、これは、どこの企業でも普通にやっていることなのです。「海外勤務」と「国内勤務」、それから、「現場」と「本社」の両方を経験しなければいけないということであり、当会の支部長の能力でも、だいたい三場所ぐらいはやらないと判定できないというのが普通の考えです。

やはり、本部が長すぎると仕事が進まなくなる人もいるので、ときどき、館長や副館長などでいろいろなところに出してはいます。ただ、これは、ほかの人にとっても、また新しい経験を得られるチャンスにもなっていて、地方にいる人が戻ってこられるということもあるわけです。

長年、そのようにやってきて、幹部として残れるかどうかを見てきているし、それによって幹部の数をつくってきているのです。

要するに、今、三十年余りの教団で、大学や政党、学園、国際の海外展開など、私がまったく見ることのできないセクションに、理事長などいろいろな役職の人が大勢いるのですが、彼らを信用できるのは、一緒にいろいろな仕事をやってきたり、いろいろなところで試されたりしてきているからです。確かに、試行錯誤はわりあい多いかもしれないけれども、「短期間で幹部を養成する」という意味では、当会は、ほかの教団に比べればかなり優れたメソッドを持っています。

ちなみに、初期のころの職員で、生長の家を辞めてきたという人によると、生長の家では、富士五湖の近くにある研修道場やハワイの道場などに送られたら、もう島送りという感じになって、それで一生終わりというやり方をするそうです。ハワイに行ったら、二十年は帰ってこられないということでした。

その生長の家のハワイの支部長が、八九年か九〇年かそのくらいに幸福の科学に来て、職員の一人が相手をしたと思うのですが、「ハワイに来て大川隆法の講演をしないか。三万人ぐらいの球場があるから、そこでやらないか」と言ってきました。その支部長は幸福の科学の正会員にもなっていて、「ハワイに来て講演をするなら人を集める」と言ってくれたのですが、そのときは、「すみません、英語で説法できないもので」と言って断ったところ、「なんだ、英語も話せないのか」と言われてしまいました。

まあ、そのような感じで、ほかの教団にいた人は、そこの流派があるので、そういうふうに考えます。

そのため、その生長の家から来た職員は、宇都宮（うつのみや）の総本山（そうほんざん）をつくったときに、「最初に宇都宮に行ってくれるか」と、本部から最初に行く三人のなかの一人に選んだのですが、「行きたくない」と言って、ものすごく抵抗していました。その後、総合本部ごと宇都宮に移り、しばらく宇都宮にいたときに、「次は中部正心館に館長として行ってくれないか」と言ったら、これも左遷だと思って必死に抵抗していたので、生長の家のカルチャーがどうしても抜けなかったわけです。

当会は、いろいろな経験をさせて幹部をつくっているので、本山ができたときに「行ってくれないか」と言うのも、新しく地方の正心館ができたときに「行ってくれないか」と言うのも、新しい経験になるし、キャリアになるからなのですが、どうしても理解ができなかったので、そのあたり、他のカルチャーを経験した人には少し困りました。

まあ、渋谷の交差点なんて、もう本当に〝地獄の一丁目〟なのではないかと私は思うのですけれども、宏洋は「執着」しているので。ゲームセンターがあるからでしょうか、よく分からないのですが。まあ、そのように考えているようですね。

酒井太守　はい、ありがとうございます。

霊査(れいさ)が進んで修正がかかることはある

喜島克明　すみません。過去世に関してですが。

酒井太守　はい。

喜島克明　過去世関連で、宏洋氏がこの本のなかでも言っていることですけれども、**「自分だけは過去世が変更されていない」**と。

大川隆法　（笑）

喜島克明　そして、これは、総裁先生が自分に帰ってきてほしいと思っているサインであるというようなことを言っています。

大川隆法　編集部が書籍から削るのを忘れたんですよね？　編集部が削るのが遅かったんです。

喜島克明　ただ、すでに『太陽の法』（幸福の科学出版刊）でも修正されています。

酒井太守　宏洋氏には「天狗」という新たな過去世がすでに出現しています。

大川隆法　ああ。天狗というのが出現していましたか。

まあでも、日本霊界では、天狗はかなり多いらしいということです。そうした、初期のころは分からなかったことが、だいぶはっきりと分かってきたところがあります。

例えば、主流系団だと思っていた大本教は、仙人がとても多い仙人教団だし、生長の家も、「光明思想」と言っていたけれども、実は天狗教団なのではないかということまで、だいたい突き止めてきました。それから、高橋信次のところも、仏陀の生まれ変わりのように言い、弟子もみな仏陀の弟子ということであったけれども、勉強が進んでくると、これも仙人教団だということまで、だいたい分かってきたわけです。

このように、こちらも調べがいろいろと進んできているところはあるので、だいぶ乖離があると思ったら、修正をかけなければいけないというところです。

確かに、日本神道は、仏教が入る前は、基本的には「教え」というものはなかったのではないかと思うので、それで、天狗、仙人、妖怪はたくさんいたということですよね。

大川紫央　みんなそれなりに、そうした傾向性を何か一つは持っているかもしれません。また、高級霊と言われても、自分のなかに教えとして足りないところは、どなたにもあるはずですし、それは、天狗や妖怪と言われても同じなので、別に、そう言われたからといって、それで終わりというわけではありません。

だからこそ、みんなここに集まって、今世、総裁先生の教えを勉強させていただいて、修行しているわけなので、それですべてが決まるわけでもないと思います。

あと、宏洋氏は、「私は知恵の泉です」というようなことを言っていませんでしたか。

大川隆法　ええ!?

大川紫央　何か竹内家の……。

竹内久顕　それは、脚本を書くときに言っていたことです。「自分は、もうアイデアが湧いてしかたがない」「自分は知恵の泉の源泉で、脚本は十数本ぐらいはすぐに書けるんだ」ということを、確か二〇一七年のころに言っていました。

要は、そのときに、総裁先生のコンセプトや原作とズレた脚本を書いて、却下されていたのですが、その反論というか、それを受け止めることができず、「自分はこれだけ知恵が湧き出てしかたがないのに、理不尽に脚本を総裁先生に却下されるんだ」ということを証明するために、自分で自分にずっと言っていたんです。そういうことはありました。

生まれる前から「後継ぎ（あとつ）にはならない」と言っていた宏洋氏

喜島克明　では、改めて確認ですけれども、宏洋氏の過去世に関しては、「自己申告のものであって、それは真実ではなかった」ということでよろしいでしょうか。

大川隆法　過去世については、生まれてくる前に言っていまして。

喜島克明　生まれてくる前に。

大川隆法　全部かどうかは分からないけれども、主だったところは、生まれてくる前に言っていたものが多いと思います。

ただ、生まれてくる前から、彼はすでに、「自分は後継ぎにはならないので、あとは弟たちに任せる」「自分は外に出て自由にやるから」という感じで霊言で言っていたので、私はがっかりしてしまいました。お腹が大きくなって、やっと一年たったら生まれてくるという最初の子が、もう、「仕事は手伝わないし外に出る。自由にやるから」と、「あとは、まだ生まれてもいない弟とかがやればいい」というようなことを言っていたので、がっかりしたのは覚えています。

ですが、彼が四、五歳ぐらいのときに、母親のほうが、「そんなにはっきりと、明らかに分かるような態度を取ったらまずいのではないか」と言ったのです。秋田的に言えば、「やはり、長男が偉いのだから、いちおう期待するべきだ」というようなことを言うので、全員に同じようなチャンスを与えようということになり、すべてにおいて、同じようなチャンスを与えるようにはしました。

そのときは、女性のことはあまり考えていなかったかもしれませんが、男で言えば、やはり、「学校と職業と結婚の三カ点を見なければ、人物の認定、確定はできない」とは思っていたので、そんなに早くから、後継者がどうのといったことは決まってもいなかったのです。

ただ、彼は生まれてくる一年前に、「僕はやらないから」と言ったのは確かであるけれども、「自分は天才だ」とも言い張っていたので、母親のほうは、「これはどう見ても長男がいちばんの天才ね」というようなことを言って、期待していたところがありました。

この前も少し話しましたけれども、「過去世の一人がデカルトと言われているのに、なぜ、足し算や引き算ができないのだろう」という疑問は、私たちにも残ってはいましたけれどもね。無名の秘書たちは算数ができたというのに、なぜ、これができないのだろうというクエスチョンは、やはりありました。

ですから、けっこう「ホラを吹く体質」ではあったわけです。

彼の守護霊は、生まれる前は「後を継がない」と言っていたのに、受験体制に入ってきたときには、「僕は開成に入って、開成でずっと一番を取り続けて、東大でもずっと一番を取り続ける」と自分で言っていたのです。「東大法学部に行って、ずっと一番を取り続けて」というようなことを途中から言い始めました。まあ、弟妹による下からの押し上げがだいぶあるので、そうなったのではないかとは思いますがね。

結果は、喜島さんや村田さんその他に、いろいろとご苦労をおかけしました。

今、HSUのほうに行って、ディーンをしている黒川さんは、宏洋が小学校四年のときに勉強を見ていたのですが、「これは芝中には受かりません」と言って、はっきりと匙を投げました。彼は芝中に行っているのですが、宏洋については小学校四年で「芝中には受かりません」と言われてしまい、私たちも天才児だということにしていたので、芝中に受からないのでは、ちょっと具合が悪いのではないかというようなことでいたのです。

今日はアメリカに行っているのでいないのですが、開成、東大を出た藤井幹久（ふじいもとひさ）さんも投入してみたものの、五年生のときには早々に〝逃げ出して〟いました。受からないのは分かっているので、みなどんどん逃げていき、最後に〝逃げ遅れた〟のが、武田さんと福本さんあたりの〝月曜日要員〟だった人ですね。正規の家庭教師が休む月曜日に予備として顔を出していた人が、しつこく最後まで残っていて、そのあと、長くお付き合いしたというあたりでしょうか。

確かに、子供も、かわいがられたくていろいろと言う場合もあるので、それをそのまま聞いてはいけないところはあるのだと思います。ただ、私は、この世的には、ある程度、合理的に見ることができるので、現実との乖離があまりにも出てきている場合には、「どうかな」と考える点はありました。

宏洋氏の家庭教師をして傷ついた人は、そうとういる

大川隆法　木村さんなんかは、〝もっと早かった〟ですね。自分や自分の息子と比べても、これはかなり出来が悪いから、全部嘘ではないかと思っていたのではないでしょうか。

木村智重　ええ、正直に言うと、そうですね（会場笑）。

大川隆法　そうでしょう。

木村智重　ええ。もう、ある程度、見切りはついていました。
ただ、やはり、われわれの反省点としては、彼の過去世が優秀な方々だととらわれすぎたことです。彼が「早熟の天才になる」という予言をしていたところも大きかっ

たです。現実は、なぜ早熟の天才になるような人がこのレベルなのだろうと、絶句する日々でした。

大川隆法　「小学校に上がる前までなら天才と呼ばれる」という意味だったんですね。

木村智重　ああ、そうだったのですか。私も、家庭教師として宏洋君の担当になった人たちが、次から次へと崩れていき、次から次へと吸い込むわりには、その多くが〝廃人〟になっていくので、見ていてつらかったです（会場苦笑）。

大川隆法　廃人！（笑）

木村智重　辞めた方も何人もいます。まあ、それが直接的な原因だったかどうかは分かりませんけど。宏洋君の性格としては、どんどん吸い込んでは、「これは駄目」「これも駄目」「これでも駄目」という感じで〝駄目出し〟が多かったので、どんどん担当が替わっていったことはつらかったですね。

また、担当を外された人たちは、どうしても精神的な傷を負ってしまうので、「使い捨てられた」「自分が悪人にされた、悪者にされた」という被害意識も強かったです。ほかの四人のお子様は、そういうことは一切ないんですけれども、彼に付けた人たちはもたなかったですし、その後、さまざまなトラウマを持って宗務から出て、つらい思いをずっと引きずっている人もいます。

希望的なところは、武田さんにしても福本さんにしても、そこに耐えた人たちは、教団幹部として長くやっておられることであり、唯一の光明(こうみょう)がそのあたりでしょうか。

武田亮　私は、中学受験のときは、途中で〝戦力外通告〟ということで、おりませんでしたので(会場笑)、被害はそうでもないのですけれども、当時は、浅野さんなどがしっかりと頑張られたので。

大川隆法　ああ、そうだね。

浅野聖太　私も、小学校のときに少し入らせていただいたのですが、ご本人の受験のときには外れておりました。

中学時代、家庭教師を替えたら学力が一気に落ちた

大川隆法　でも、一つだけ、確かに、宏洋が言っていたことで正しかったことがありました。

彼の中学時代に、あなたは、もう一回教育係に戻っていると思います。

浅野聖太　はい。

大川隆法　学校の成績は目茶苦茶悪いのに、SAPIX（サピックス）という塾へ行っていたとき、そこの成績だけはものすごくよかったんです。あなたが教えていたのでね。

　そして、ＳＡＰＩＸでは夕方に休憩時間があるんですね。ほかの本にすでに書かれていることなので言いますが、中二のときに宏洋は、その休憩時間に友達と六人一組で、校舎にいちばん近いコンビニで万引きをするということをやっていたのです。向こうも防犯カメラで何回も撮っていたのですが、宏洋は、いちばん顔が目立つので、ほかの五人が逃げ去っても一人だけ捕まり、警察を呼ばれ、顔写真と指紋までとられたことがありました。そして、そのとき宗務本部にいた九鬼さんと、当時の家内が引き取りに行ったと思います。

　そのときは、万引きしたのが九百七十円のもので、持っていたのは千円札というあたりだったので、なぜ万引きしたのかということではありました。

　ただ、二人の警察官のうちの一人が、幸福の科学と大川隆法を知っていたので、「これはちょっと大変なことになるかもしれないから」と穏便に済ませてくれたのです。

　そういうことがありましたね。

　それでＳＡＰＩＸを〝クビ〟になって、近くにある早稲田アカデミーに替わったわけです。

そのあとしばらくして、「もう浅野さんを外すよ」ということになりました。浅野さんの指導が厳しいこともあってか、よくトラブルも起きていたので、何かで許せないようなこともあったのかもしれません。そうしたら、宏洋は「いや、浅野さんを外されたら勉強ができなくなる」というようなことを言って、このときだけは、珍しく〝五体投地〟して、「浅野さんを残してくれなきゃ、勉強ができなくなる」というようなことを言っていました。

当時は浅野・鶴川体制だったので、私は、「そんなことはない。鶴川が残っているから大丈夫だ。慶應大学を出ている鶴川がいるんだから、高校受験ぐらい簡単だろう。どうということはないよ」と言ったのです。しかし、私は、鶴川さんに〝学力がない〟ということをまったく知らなかったのです（笑）。結果を見て、「慶應は学力よりも情操とコネ、人間関係が中心なのだな」ということがよく分かりました。

浅野さんを外したとたんに、本当に勉強ができなくなったので、「ああ、浅野さんはそうとう頑張っていたんだな。宏洋が嫌がるところをそうとう詰め込んでいたんだな」というのがよく分かったのです。それは、私もちょっと反省点としてあります。

浅野さんを置いておいたら、もしかしたら、高校進学のときに、学芸大附属高校に内部進学できる程度の成績を取れた可能性はあったかもしれないのですが、とにかく、あなたがいなくなった一年後には、学年ビリまで行っているので、そうとうな落ち方です。

中三のときの担任の先生が進路指導主任だったので、私も父兄面接で行ったのですが、その学大の進路指導主任の先生は、「内進は無理だろうと思います。受かる可能性があるのはこのあたりです」と、確か偏差値三十九と四十一の学校を出してきたのです。

宏洋が受けた早大学院は偏差値七十二ぐらいはあるようなところだったので、「学校のほうは手を抜いているのでできないのですが、塾のほうはできているのです」と言ったのですが、向こうは納得せず、学校側の認識では偏差値が三十ぐらいズレていました。

担任の先生は古典の先生でしたけれども、要するに、いつもビリで赤点を取っていたので、そのように見ていたところもあったのだと思います。宏洋は、「塾でだけやればいい、学校では寝ていればいい」という考えだったんだと思うんですけれどもね。

そういうトラブルもございました。

みなさんには、ご苦労をおかけしました。傷ついた人はそうとういると思います。彼に付いた家庭教師の数は、もう二、三十人ではきかないかもしれないぐらいです。ただ、しぶとい性格を示した人は幹部として生き残っていますので、それは福音です。

三帰誓願式自体は行っていないが、子供は五人とも会員である

大川隆法　あと、全体を通して、木村さんに一言、言わなければいけないことがあります。

「僕は三帰誓願●をしていないから、出家していないんだ」というようなことを宏洋に何度も使われていますけれども、私は、宏洋が小学校のときに「形式上、三帰誓願式をするように」と、当時、宗務本部長だった木村さんに頼んだのです。

ところが、木村さんは、「将来、〝先生〟になる方なので、そんなことをしたら自分の将来が危ない」と言って逃げたのです（会場笑）。私は「形式上、やっておかなければ

●三帰誓願　「仏（仏陀）」「法（仏陀の説く教え）」「僧（僧団）」の三宝に帰依する誓いを立てること。

ば、あとで困ることがあるからやってほしい」とはっきり言ったのですが、「いや、そんなことをしたら、向こうが先生になったときに危ないから」と固辞して逃げられたので、できなかったんですよ。

それが今に響いて、「僕は出家していない」と言っているわけです。

木村智重 これは何度も使われていますので、そこの判断は間違えたと思います。

大川隆法 ああ、間違えたね。

木村智重 それは反省点としてあります。申し訳ありません。

過去世認定を重視しすぎたことの弊害(へいがい)

木村智重 反省点としては、もう一つあります。

彼は自分のことを「天才だ」と思っているようですけれども、教育係の人たちが宏洋氏に、「宏洋君は天才なんだから！」と言っているのを聞いたことがあるんです。ああ、こういう感じで持ち上げているのかと思ったのですが、やはり、教育係の人たちも若かったので、大学を出てすぐ、二十代で教えているということもあって、まったく勉強のできない宏洋氏を、そう言って励ましていたんですよね。「君は天才なんだから必ずできるよ！」と一生懸命励ましていたんですけれど、これが励ましにはなりませんでした。

われわれも、彼の過去世はデカルトと聞いているのに、なぜ足し算・引き算で間違うのだろうとかですね。

大川隆法　（笑）

木村智重　この「過去世認定」のところは、われわれも変なかたちで納得してしまった部分があります。われわれが、そうやって「天才に違いない」と思い込んで、大目に見てしまったところもあるんです。

また、ほかにもいろいろと出てくるかもしれませんが、宏洋氏は、やはり、小さいときから性に対する興味というのが非常に強くて、先ほども出てきましたけれども、小学六年生でアダルトビデオ上映会をやったり、ほかにも、エロマンガを持っていたりして、きょう子氏にえらく怒られたときもありました。

そういう「早熟の天才」ならぬ「早熟の目覚め」があったので、われわれも、「これはやっかいだなあ」と思っていました。過去世の一つがギリシャ神話のエロスだと聞いていたので、エロスは、今でも「エッチ」の代名詞ですよね。だから「まあ、それで歴史に名前を遺しているぐらいだから、しかたがないのかな」と諦めるところもありました。

あるいは、「勉強は嫌いだ」「精進は嫌いだ」「努力の教えは自分に合わない」というのも、「荘子の生まれ変わり」とも聞いていましたのでね。荘子というのは「遊」の人ですよね。遊びが好きで、「怠け者の思想」を体現しているような人ですから、「荘子の魂だから勉強嫌いなんだ。そういう面が出てきたら、こういうふうになってしまうのかな」と思ったりしました。

そういうことで、初期のころ、過去世認定のところが、妙に悪い影響を与えてしまいました。

総裁先生が言われているように、「過去世は過去世、今世は今世」という教えもありましたので、「過去世の名前よりも、今世の努力のほうがはるかに尊いのだ」という、本来の努力精進の教えを全面的に出すべきであって、「宏洋君は天才なんだから」というようなかたちでごまかしてはいけなかった。

その結果、「自分は天才なんだ」と思い込んでしまい、「この程度でも、社会で十分通用するんだ」と誤解させたかもしれないというのが、私が彼のYouTube(ユーチューブ)を見るたびに感じている反省点ではあります。

ですから、ここは、「今世の自助努力を尊ぶ努力論を、しっかりと打ち出すべきだった」と反省しています。

酒井太守　はい。ありがとうございます。

大川隆法　この本に繰り返し出てくることとして、「『一番を取れ』『百点を取れ』と何度も言われた」とか、「『東大法学部へ行け』と何度も言われた」といったことがありますが、もう親の絶望はもっと早くから始まっていたので、これはありえないというか、宏洋が百点を取るわけはありません。

小学校一年生の足し算・引き算で、「僕は『ゼロ点マンの男』といわれているんだ」などと言うので、「いつも百点を取っているという意味なのかな」と思ったら、そんなことはなく、足し算・引き算でも九十五点、九十点、八十五点、八十点ぐらいなのです。

普通の市販のプリントの足し算・引き算あたりで八十点ぐらいを取ってきたり、二桁の計算になると間違いがたくさん出てきたりするレベルというのは、田舎(いなか)でも「秀才」とは言われないレベルです。秀才が間違い始めるのは、せいぜい割り算ぐらいからでしょう。

ですから、この「虚飾の部分」と「本当のところ」とのブレは、そうとうあります。

8 霊言の真実

悪霊現象が起きると咲也加氏を頼っていた宏洋氏

酒井太守　それでは先に進みまして、一二三ページに行きます。

ここでは、「咲也加のほうも、霊言を信じているわけではないし、隆法が私の役を演じているとわかって相手をしているにすぎない」というような話が出てきます。

大川咲也加　はい。ここには、「霊言で問われるのは、どこまで本物っぽくできるか、というセンスです。隆法本人も当然、パフォーマンスだと自覚しています。たとえば私が教団に背いたとき、私の守護霊の霊言が行なわれました。私の守護霊が隆法に降り、目の前にいる妹の咲也加のことを『お前はブサイクだ』とか『鈍感だ』と激しく罵っていました。

しかし実際にその言葉を口にしているのは、父である隆法なのです。そこで、『父親から「ブサイク」と言われたら、娘は傷つくだろうな』と思うのは、素人考えです。咲也加のほうも、霊言を信じているわけではないし、隆法が私の役を演じているとわかって相手をしているにすぎないからです」と書いてあります（笑）。

ただ、私は「不細工（ぶさいく）」と言われた記憶はありませんし、私は霊言を信じているので、「咲也加が霊言を信じていないから気にしていない」というような論法は、おかしいかなと思います。

たとえ、総裁先生が行った霊言や守護霊霊言で、私に対して「不細工」とか「鈍感だ」などと言われたとしても、それは総裁先生からの言葉だとは思わないです。「父親から不細工だと言われた」とは思いません。

また、もし、宏洋さんの守護霊が本当にそう言っていたのなら、宏洋さんが本心で私のことを不細工だと思っていた可能性は大いにあるかなと思うのですが、それに関して怒るとか、そういう気持ちは特にありません。

大川隆法　それでありながら、宏洋は夜中に悪霊（あくれい）に襲われたら咲也加の部屋に行って、明け方の四時とか五時とかまでいたわけです。

「怖いから来た」などと言っていたけれども、私たちのほうは、「それだけではないかもしれない。妹にいたずらでもしに行くかもしれない」と心配して、本当に神経がピリピリしていたんです。

まあ、霊障（れいしょう）はあったのかもしれません。咲也加のところへ行ったら、「お振り替え」してくれるのか、取ってくれるのか知りませんが……。

大川咲也加　確かに、エッチな本を「面白（おもしろ）いよ。読んでみて」などと言って、私に勧めてきたことはありました。小学校のときからそういうものを持っていたりして、養育係のお姉さんに見つかって怒られたりしていました。

また、宏洋さんが私のことをどう思っていたかということですけれども、頼りにされていた面もあるにはあるのかなと思います。金縛りに遭（あ）ったり、本当に悪霊に憑（つ）かれていそうなときに頼ってきたりしたことはあったので、そういった面では、一目置かれていたとは思います。

確かに、「かわいい」と言われたことはあまりないので（笑）、「不細工だ」とか「鈍感だ」とか思っていた可能性は多少あるかもしれません。

本物の霊言は役者の演技ではできない

酒井太守 ほかにも、二三ページの後半には、**「私自身、隆法から注文があれば、どんな霊言でもやっていました」**とありますが、私は、彼に高級霊が入ったのを見たことはあまりないんですよね。**「どんな霊言でも」**というのは、はたして……。

大川咲也加 ほぼ、自分の守護霊か悪霊・悪魔の霊言しかやっていません。高級霊の霊言は、私の知るかぎりちゃんとできたことはありませんでした。

大川紫央 同じページでは、**「役者に選ばれる人間は限られています」**とも書かれていますが、要するに、「霊言をする人は役者なんだ」と言いたいんだと思うんですよね。

この言葉が出るもっと前、おそらく、宏洋氏がまだ教団のなかにいるときあたりから、総裁先生は、その言動などを見て、「宏洋は役者をやり始めてから、霊言や説法も含めて、『すべて演技でみんなを騙せるんじゃないか』と思い始めているのではないか」と、ずっとおっしゃっていました。この本の言葉を見る前から、総裁先生からそういう話を聞いていたので、私としては、それこそまさに、総裁先生の霊感だなということがよく分かるんです。

この本のここの部分は、宏洋氏の重大な過ちというか、私たちとは決定的に違う認識のところです。

酒井太守 そうですね。

大川隆法 役者業の練習をして、「嘘つき」が進行してしまったね。

大川紫央　そうですね。役者をやって、そういうふりをしていると〝騙せる〟と思っているのでしょうね。

大川隆法　それはもう、「観客を騙せたらいい役者だ」と思っているんじゃないですか。

酒井太守　竹内さんもスピリチュアル・エキスパートとして霊媒を務めることがありますけれども、それは実際に「役者としての演技」でできるものですか。

竹内久顕　宏洋氏は、「霊言というのは役者が演じているんだ」と言うんですけれども、だったら、もう少し演技がうまかったらよかったのにと思います（会場笑）。

総裁先生の霊言は、役者の演技ではできません。というのは、入る霊人によって、「言葉の言い方」だけではなくて、「中身」がまったく違うんです。

でも、宏洋氏が霊言をするときは、人格がだいたい一緒なんです。

総裁先生の霊言で、私も質問者に入ることがあります。そのときに、例えば、基本的に総裁先生がご存じないというか、私が業界で知った話などをしたとします。今、目の前にいる千眼美子さんが清水富美加さんだった時代に守護霊霊言を録ったときも、清水さんから個人的に聞いた話を振ったのですが、反応があって、こちらも知らなかったことが返ってきたりもしたんです。

また、以前、千眼さんも言っていましたが、千眼さんがテレビでも話していないような、「千眼さんしか知らない話」が、総裁先生の霊言で出ていたらしいんですね。それは、僕も知らなかった話です。

総裁先生の霊言というのは、やはり、〝生〟というか、本当に霊が降りて反応が返ってくるという霊言なんです。

一方で、私も宏洋氏には、もう何十回、何百回と夜中に呼び出されて、彼が自分でする霊言を聞いてきたのですが、だいたい彼が知っている知識以上のものはありません。唯一、悪霊と悪魔のときだけは〝生の反応〟で、彼が知らない言葉や思想的な話が出てくるんです。

ただ、彼が自分で誰かの守護霊や神様等を呼んでやった霊言というのは、たいてい、宏洋氏の知識以上のものは出てこないので、やはり、彼の霊言というのは、そのレベルなのです。

先ほども言いましたが、役者として霊言ができるというのであれば、本当に、もう少し役者の勉強をして、自分の演技をもっとうまくやってくれたらよかったのにと思います。

大川紫央　私たちは、洗脳集団としてやっているわけではありませんので。

総裁先生以外の方が霊媒をするときもあるわけですけれども、「これはちょっと、この人の主観が入っているのではないかな」と思うことも、やはりありますので、総裁先生の霊言は、周りからけっこう冷静な目で見られた上で成り立っている霊言だと思います。

おそらく、これも世間に対するイメージづくりで言っていると思うんです。

「後継者となるためのエリート教育を受けた」などと言いつつ、総裁先生の教えをまったく勉強していない彼に、簡単にこんなことを言われる筋合いはないと思います。

奥田敬子　私からも、よろしいでしょうか。

大川紫央　どうぞ。

奥田敬子　はい。私は、哲学者のカントの霊言が収録された際に、質問者をさせていただいたことがありました。私自身が大学時代に、ドイツ語でカント哲学を勉強していたからです。

その霊言のとき、カント先生が、この世の中で誰も知らないはずの、「私が部屋のなかで、どのように苦しみながらカント哲学を勉強していたか」ということをお話しされまして、「ああ、応援していただいていたのかな」と感動したことがあります。

それは、本当に誰にも話したことがない私の大学時代の姿だったので、見ていていただけたことをありがたく思いましたし、カント先生自身しか知らないことでした。

霊人一人ひとりの個性が一貫している幸福の科学の霊言

大川咲也加　ほかにも、霊言に関して、二一ページに、「『たくさん出している』ということは『真実である』という証拠にはなりません」と書いているのですけれども、総裁先生の霊言は、本当に、いつ始まるか分からないぐらい、毎日のようにたくさんありますし、私たちとしても、準備もなく突然霊が訪れて始まるという経験も数多くしていますので、私は、むしろ、「いかなるときでも、たくさんの霊言が行われる」ということが、真実の一端を示していると思っています。

また、今、いろいろな方々がお話しくださったように、「その霊にしか分からないこと」や「その霊にしか言いえないこと」、そういったことを言い当てることも多々あり、『娘から見た大川隆法』（大川咲也加著、幸福の科学出版刊）にも何点か書いています。

そういったことを見ている方はたくさんいらっしゃるので、宏洋さんの独断と偏見によって、霊言の存在を嘘だと否定することはできません。「本当だ」という実感を持った方も数多くいらっしゃるのではないでしょうか。

酒井太守　総裁先生は、「たくさん出しても特定の霊人の個性が一貫しているということが、真実の証明だ」ともおっしゃっています。

大川咲也加　はい。「たくさん出して、かつ、一人ひとりの個性が違う」というのが、当会の霊言の特徴になっています。

酒井太守　そうですね。

大川隆法　以前、女優の武井咲さんの守護霊霊言（『時間よ、止まれ。』〔幸福の科学出版刊〕参照）を発刊したときに、武井さんの事務所の人が、「この本のなかには管理職級のマネージャーしか知らないことが書いてあるので、スパイでもいるのではないか」と確認に来たことがありました。

そのときには、どの部分を言っているのかが、こちらには分からなかったのですが、その後、武井さんはティファニーで働くドラマに出演したのです。

武井咲の守護霊霊言では、過去世(かこぜ)がオードリー・ヘップバーンだということを言っていたので、それでティファニーから話が来たのかもしれないと思いました。そのあたりのことだったのかもしれません。

そのように、「限られた人しか知らないようなことが書かれているので、なかにスパイがいるんじゃないか」などと言われるぐらい、私も知らないようなことが出ることもあるのです。

酒井太守　二五ページには、**「自分の意見を言っているのに霊が言っていると称するのは、責任逃れにすぎません」**とあります。これは、霊言をそもそも否定していて……。

大川隆法　それは、ジャーナリストの考えなんかと近いですよね。

酒井太守　はい。

大川裕太　当会の霊言は、情報が正しいというだけではなくて、人格的に、本当に本人とそっくりになっています。

白川前日銀総裁の守護霊インタビュー（『日銀総裁とのスピリチュアル対話』〔幸福実現党刊〕参照）をしたときにも、国会や有識者のなかからは、「本当に白川総裁そっくりだ。逃げ腰な姿勢がそっくりだ」という声が出ていました。

ほかにも、私が東大のゼミで教わった藤原帰一先生の守護霊霊言（『危機の時代の国際政治』〔幸福の科学出版刊〕参照）ですが、これも本当にそっくりでした。

私がゼミに入る前に藤原帰一さんの守護霊霊言は発刊されていたのですが、本当にご本人とそっくりです。ご本人も霊言を読んだ上で私をゼミに入れてくれているので、納得した上でのことでしょう。

また、私自身の生霊霊言もいろいろとやっていただいているのですけれども、本当に、私しか知らないような情報を、なぜか生霊が言うんですよ。「これは誰にも言っていないぞ。酒井さんにも言っていないし、誰にも言っていない」ということを、なぜか語ったりするようなこともあります。やはり、思っていることがそのまま出るので、本当にそのとおりだなと確信しています。

酒井太守　はい、ありがとうございます。

では、霊言のところ、二六ページまでは、だいたいよろしいでしょうか。

9 宇都宮(うつのみや)時代の真実

宇都宮への移転の経緯(けいい)

酒井太守　それでは、二七ページ以降に行きます。

この二七ページから三〇ページあたりで、何か言いたい方はいらっしゃいますか。

大川咲也加　総裁先生が宇都宮(うつのみや)に移動した理由について、「『「東京に大地震が来る」と高級霊たちからお告げがあった。すぐに避難しなければならない』と騒ぎ立て、周囲の反対を押し切って引越しを決行しました」と書いてありますけれども、当時、私は特に、そういった話を聞いたことがありません。

あるとすれば、実母のほうが、「地震が来るのよ！」と言っていたというのはあるかもしれませんけれども。

酒井太守　そうですか。木村さん、そのあたりは何かありますか。

木村智重　私の記憶では、幾つかの霊示(れいじ)が出ていて、イエス様から、「東京の湾岸を中心に地震が来るのではないか」というような話が予言として出ていたと記憶しています。

それ以外にも、やはり、当時はオウム対策というのが非常に大きな問題でした。警察のほうからも、「大行事はやらないほうがいい」と言われていましたし、「拳銃を持った人がなかに入ってこないか」ということで、行事の際の荷物検査も始まっていたので、「オウムの残党も残っているし、危ない」という認識はかなり持っていました。

また、教団としては、「二眼レフ構想」ということで、「東京」と、もう一つ、「総本山(そうほんざん)（宇都宮）」という拠点を持って、関東圏に教勢を広げていくというような、経営的なマネジメントの思想もありましたし、さまざまな霊人(れいじん)からいろいろな霊示がありました。

最終的には総裁先生が決断されたわけですけれども、私が見ていたときの情報としては、そういったいろいろな意見があったと記憶しています。

酒井太守　そうですね。

また、二八ページから二九ページには、総裁先生について、「『心が折れてしまった』という様子に見えました」「『麻原彰晃と同類の嘘つき、ペテン師』という非難や罵詈雑言の嵐でした」「それ故に、都会の喧騒から離れて、宇都宮に〝山籠り〟をすることにした」とありますが、私はそんな話は聞いたこともありません。

木村智重　それはまったくないですね。

オウム事件があった年に東京ドーム講演を二回開催

大川隆法　一九九五年の三月にオウム事件（地下鉄サリン事件）があったので、警察から「大規模行事は危ないので、やめてください」と言われていたんですよ。

今も新型コロナウィルス対策で、そういうことをしていますが、「横浜アリーナレベルから東京ドームになると、もう警備ができない。もし、サリン等を持ち込んでやられたら、どのくらい被害が出るか分からないので、やめてください」と言われたのにもかかわらず、夏と冬と二回、意地で講演会を開催したのです。

ただ、当時、読売新聞等にも出たと思うのですが、私はＶＸガスで殺人未遂に遭(あ)っています。そのとき、幸福の科学の本部は紀尾井町(きおいちょう)ビルというところを借りていたのですが、ほかの会社も入っている大きなビルで、駐車場はオープンスペースの一区画を借りていました。そこにオウムの信者が入ってきて、「とにかく、幸福の科学の駐車スペースの車のなかで、いちばん立派な車にＶＸガスを仕掛けろ」という麻原からの指示で、車の後ろに仕掛けようとしたらしいのです。あちらでは、「大川隆法はまだ生きている。おかしい」というような感じになっていたかもしれませんが、そういう情報まで入ってきました。

そのように、私は殺人未遂に遭っており、オープンスペースだとそういうことがあるので、「宗教としては、ほかの人が入ってこられない施設を持たないと危ないな」ということは感じました。それで、「自前の建物をつくらなければいけない」と考えたわけです。

オウムは、山梨の上九一色村（かみくいしきむら）の山のなかに建物をつくって活動していました。あそここそ、「総資産一千億円」と言っていたのに、解散してみたら、実は全部集めても二十億円ぐらいしかなくて、バラックでつくっていたものだったのです。いちおう、表向きは仏像のようなものを置いて、裏でサリン工場や武器製造工場をつくっていたというようなことをしていました。

「宗教としての永続性」のために宇都宮に総本山（そうほんざん）を建立（こんりゅう）

大川隆法　まあ、そういうところから狙われたわけです。こちらのほうはオープンスペースで堂々と活動していたつもりではいたのですが、紀尾井町ビルは一般の人がいくらでも入れるところで、上の階のレストランのようなところでは、当時の公明党の書記長をしていたような人も食事会をしていました。

そういうわけで、「宗教でオープンスペースというのは、まずいのかな」ということと、「やはり、祈願等に関しては、自前の建物でないと効きにくいのではないか」ということで、「宇都宮に建てようか」ということになったわけです。これについては、何人かの霊人からの意見もありました。

特に、ドラッカー守護霊からは、「あまり大きい会場で講演会をやり続けていると、みなそれで慣れてしまう。規模感だけに酔っているけれど、自前のものは何も遺らなくなって、宗教としての永続性がなくなる。だから、今、大勢が来て人気があるときに自己資産をつくって、自分たちの牙城、永続性があるようなものをつくるべきだ」と言われました。それで、オウム事件のこともあり、東京ドームで講演をしている間に宇都宮のほうに土地を買って、そこにまず建てようということになったのです。

私は慎重派なので、いきなり値段の高い土地を買って運営するのは心配でしたが、宇都宮だと多少は安いのです。最初に買った土地は五、六億円ぐらいですよね。総本山用のもので、千三百坪ぐらいの土地を買って精舎を建てました（今は五千坪以上になっている）。

まずは使う練習をしなければならないので、十数人ぐらいで運営しようとしたけれどもできず、「総合本部の二百人が丸ごと行かないと、大きすぎて怖くて運営できない」というので、結局、丸ごと引っ越しとなりました。

ただ、宇都宮へ行ったら、今度は「住めば都」になってしまいました。総本山・正心館、総本山・未来館、総本山・日光精舎の三つを建てる計画で、一つを建てたら、あとは弟子のほうで運営してもらうつもりでいたのですが、みな、「十年は動けない」というような感じになってしまったのです。特に、山本無執さんという理事長が、「十年は動かない」というような感じでした。

ところが、九六年に宇都宮に移動した翌年の九七年に、東京の白金にあった間組の寮が売りに出され、「不動産的には今が底値」と判断しました。実際にそのとおりで、間組の株価が十一円になって、もう倒産寸前という段階だったのです。まあ、〝人助け〟も一部入っていたのですけれども、その売りに出されていた間組の寮を購入し、それから、そこに大悟館の建物を建てるときも半分手伝わせています。大悟館と総本山・那須精舎等の建設に間組が入っていると思うのですが、それで潰れなかったわけです。ゼネコンを一つ潰さずに済みました。

それで、九八年に東京に戻ってきています。そのときはまだ大悟館は建っていなかったので、また池田山のほうのマンションに帰りました。大悟館は二〇〇〇年に建ちました。そういうこともありましたね。

まあ、試行錯誤はありましたが、「自分たちの持ち物をつくらなければ永続性がない」という考え方が出てきたのです。

ただ、総裁の講演以外の行事経験がなかったため、精舎を建てても誰も運営ができませんでした。山本無執さんも、総本山・正心館を建てたときに八百人ぐらいが入る会場をつくっていましたが、私は「要するに、毎週ここで私に説法(せっぽう)をしろということなのか？　わざわざ栃木までみんなに来てもらって、説法を聴いてもらうということなのか？」と訊くような感じでしたね。

さらに、キッチンを見ると本当に小さいのです。「このキッチンでは、人が来ても困るのではないですか？」と言ったら、「未来館でつくって、十五分ぐらいで届けられるのでいいんです」などと言っていたので、宗教の研修のスタイルをまったく知らないような感じでした。要するに、「ビル」というイメージでやっていたのです。
まあ、いろいろなことがありました。これを言ったら長くなるので、もう言いませんが、オウム事件もいろいろと影響しているところはあります。

酒井太守　はい、ありがとうございます。

当時の宏洋氏の年齢で分かっていたとは思えないことが書いてある

酒井太守　よろしければ、次に行きたいと思います。

大川紫央　すみません。二八ページの「**隆法は『ほれ、見たことか！　ざまあ見ろ！』とばかりに嬉々として鬼の首を取ったように小躍りしていました**」というところなんですけれども、現在の先生からして、こういう言葉を使わないのですが。

酒井太守　そうですね。「**ざまあ見ろ**」とかいう言葉を聞いたことはありますか。

大川咲也加　ないです。

酒井太守　宏洋氏はこういうことを言いますけどね。

大川咲也加　しかも、宏洋さんはこんな場面を見たことはないはずですし、そもそも宇都宮に移ったとき、宏洋さんは小学二年生ですから、その年齢で、宇都宮に移動した理由がオウムのせいであることが分かるでしょうか。

「**私には、隆法は『心が折れてしまった』という様子に見えました**」と二八ページに書いていますが、そんなことが分かるような年齢ではないです。

酒井太守　このような話を、きょう子さんが言っていると聞いたことはあります。

大川紫央　どんな話ですか。

酒井太守　要するに、「総裁先生は霊能者なので、心が折れてしまった」と。

大川咲也加　ああ、宏洋さんは人づてに聞いて、それが自分の記憶になっていると。

大川隆法　母親が言っていたことは、要するに、「大きなところで講演会をするのは、ステータスなんだ」ということです。「その社会的ステータスを捨てるのか」というような感じで、反対をしていましたね。建物を建てることへの反対はしていたと思うし、「講演会場でやるのがステータスなんだ」ということで、確かに、そういうことは言っていた気がしますが、「永続性が必要だ」というようなことで建てました。

ただ、彼女も、あとになってから撤回はしていましたけどね。いろんなところに正心館を建てて運営して、「ああ、これは弟子たちに仕事をつくろうとしていたんだなと分かった」ということを、あとで述懐していましたよね。それが、自分としては分からなかったんだと思います。

酒井太守　小学二年生の宏洋氏がこんな話を知っているのはおかしいので、おそらく、アンチか、そういうところから流れてきた情報を編集したのでしょう。

大川隆法　まあ、これは数年前に、きょう子さんの取材をたくさんしたときに、いろいろと聞いているものがあって、週刊誌のほうにストックがあるのかもしれませんけどね。

酒井太守　そうですね。

大川裕太　すみません。あと、二九ページにあるような、**「リビングで落ち込みながら延々と愚痴をたれている」**という総裁先生のお姿を、私は一回も見たことがありません。これは、きょう子さんはこうなるし、宏洋さんもこうなるんですけれども。

総裁先生は、お疲れのときはお静かになられたり、ずっと本を読まれたりしていることが多くて、**「延々と愚痴をたれている」**というのは、私は一回も見たことがありません。

宇都宮から東京に戻った理由の一つは、宏洋氏の中学受験

大川裕太　あと、総裁先生が徳島県川島町（かわしまちょう）出身というのはそうなんですが、二九ページにある、**「東京のような都会は好きではない」**ということは、私は一回も聞いたことがありません。

大川隆法　よく攻撃（こうげき）されて、（総裁補佐と）二人とも困っているんですよ。

大川裕太　先生はむしろ、「東京の価値」というものをずっとおっしゃっています。やはり、東京に情報が集約されるので、地方紙を読んでいると、情報レベルでは足りな

いところもあります。そのため、あえて東京に戻ってきたと、そのようなことをお話しされている御法話もあります。総裁先生は東京をすごく大事にされているので、そこはまったくの嘘です。

また、二年で東京に戻ってきた大きな理由として、私がきょう子さんから聞いたのは、「宏洋さんの中学受験があるから」ということです。

大川隆法　それも一つはあります。

大川裕太　そうですよね。

大川隆法　いったん宇都宮に精舎をつくったから、弟子が運営できるところまで責任を持って見届けなければならないという感じもあったんだけれども、「宏洋だけが中学受験をできなかった」ということをあとで言われるのも嫌だったのです。

まあ、そのようなところがあって、きょう子さんが自分と子供たちだけで東京に帰って、受験させようとしていました。私に、「あなたは宇都宮にずっといろ」というようなことを言ってはいましたけどね。ただ、そういうわけにはいかないでしょう。

宇都宮時代以降、ソフトのストックがそうとうつくられた

大川隆法　それと、幸福の科学ブームが八〇年代から九一年以降続いていて、他の教団が連れ上がりして、隠れていた新宗教がいっぱい出てきたのですが、次々と〝撃ち落とされる〟ようなことがありました。オウム事件があって、国会で「宗教法人法」の改正をして、財務諸表など、いろいろなものを調べるような法案が通ったりしました。まあ、創価学会なども、公明党が野党に回って、宗教が自民党に攻撃されたので、いろいろな教団にまで謝って回っていたような状態だったと思います。

ですから、上げるときは全部上げて、下げるときは全部下げるんです。これは日本のマスコミの特徴で、「部分的に、これはいい、これは悪い」というようなことはできなくて、「全部上げるか、全部落とすか」のどちらかなんです。

そのように逆風になったので、「こういうときにストックをつくっていくのも一つで、〝城づくり〟をする時期があってもいいかな」と思ってやっていました。あと、この時期に、だいぶ勉強していたので、それがその後の、いろいろな「万巻の書」になっていく感じの説法になっているとは思います。

ただ、「どのようなかたちになってでも前進していく」というのが私のスタイルなので、姿を変えても、やっていました。

この間、徹底的に研究していたのは事実です。宗教学、仏教、その他の宗教から、経営学等の勉強をしていた時期でもあります。精舎をつくっているのと同時に、勉強もしていたわけです。

あと、「公案」と「祈願」等もそうとうつくっていて、二〇〇〇年代以降、続々と建立されていく正心館や精舎の祈願なども九〇年代につくっていると思います。

まだ建っていない精舎も、いまだにあります。神戸正心館なんて建っていませんけれども、「神戸正心館の構想自体は、もう九〇年代につくってある」という、その速度でやっているのです。ずっと先まで考えてやっています。これからお金を集めて建てようとしているところだと思いますが、まあ、そういう感じですかね。
仕事のスタイルについては、これは外からは分からない部分はあるだろうと思います。

酒井太守　はい。ありがとうございます。

毎日毎日、研修ソフトが十件も二十件も降ろされていた

村田堅信　今、先の精舎のソフトの話が出ましたけれども、総本山・正心館を建てられて、実際に運営をしてみて、ソフトが必要だということになると、毎日毎日、どんどんと、十件も二十件もというぐらいのソフトを降ろされていました。スタッフのほうが本当に〝あっぷあっぷ〟するぐらいつくり続けられていました。
落ち込んでいる人に、そんなことができるはずがありません。

大川隆法　研修千回分以上のソフトはつくったと思います。それを今、弟子がゆっく

りといろいろなところで研修にしているわけです。鶴川さん（現・東京正心館館長）が存在している理由にもなっていますね。

なお、弟子には、東京正心館を建てるのも反対されました。要するに、みな一カ所だけでする頭（あたま）だったわけです。全員でやればできるけれども、「バラバラのところで幹部を養成して、その人に任せてやらせる」というスタイルがどうしても理解できなくて、全国に正心館を建てるということが理解できないし、海外に広がるのも理解できない。まあ、支部だって、最初はつくれずにいました。

あと、私がうかつだったのは、宇都宮に行ったときに、東京の都心部にあった六支部が一つにされてしまったことです。レンタル支部が解約されて、戸越（とごし）精舎内の支部に統合されていました。それは、東京に帰ってきてしばらくたってから知ったことで、「やられたな」という感じでした。

まあ、お金がかかることは総裁の決裁を受けなければならないけれども、「お金を削減することについては、総裁の決裁なしでもやれるのだ」ということで、ガンガンされていて、「東京都心で一支部はないでしょうが」と、あとで思ったんですけどね。

「教団をもう一つつくるつもりでやる」という総裁の情熱

木村智重　繰り返しますが、「**心が折れた**」というのは、まったくないですね。私から見ても、総裁先生は常にポジティブですし、村田さんが言われたように、あのときも一日に何個も公案や祈願、研修ソフトが降りてきていました。

あのとき、総裁先生は、「教団をもう一つつくるつもりでやる」とおっしゃっていました。ネガティブな感じは全然なくて、「教団をもう一個つくるぐらいのつもりでやる」と力強くおっしゃっていました。

あと、「東京に万一のことがあっても、もう一度、ゼロから立て直す」ということも私は聞いたことがあるので、そういう意味では、私は宇都宮に行ったときも、総裁先生から、すごく建設的で積極的な情熱を感じました。

大川隆法　宇都宮の総本山・正心館で教団運営をしているときに、東京の高輪(たかなわ)に東京正心館の土地を買いました。まあ、木村さんあたりは二年ぐらい〝蓋〟をして、情報を出さなかったんだろうけれども。

港区には「住宅等の附置義務」というものがあって、大きな建物を建てるときにはマンション等の供給をしなければならないのです。要するに、高層の建物を建てたら、「上層階はマンションのようにしなければならない」という感じの条例があって、弟子のほうではケチをして、「その部分がもったいない」と言って、それで判断ができなかったのです。

私は宇都宮にいたときにその情報を入手して、東京正心館の土地を買ったのです。ただ、けっこう弟子の反対は強かったです。「宇都宮でやっているのに、東京の土地を買うとは何事か」という感じの反対で、東京正心館ができて活動できるところを、誰もイメージができないんですよね。自分がいるところでしか考えられないので。

「それは、東京を攻めないと最後まで行かないでしょう」ということで東京正心館を建てたのですが、そのために、わざわざ理事長を交代しなければなりませんでした。当時の理事長だった山本無執さんに、地方本部長か何かで出てもらって、その間に東京出身の人を理事長にして土地を購入したのです。ただ、山本さんが帰ってくると、その人は精舎に異動となりました。弟子同士の争いも、けっこうすごいところがありましたね。

まあ、なかなか分からないのです。やってみたら、「ああ、そういうことなのか」ということはあるんだけれども。

でも、東京正心館がなかったら、やはり困るでしょう。あのときの感じだと、「十年間は未来館を本部にして宇都宮にいる」というような感じだったので、そうとう遅れていたと思います。

あとは、裕太が言ったとおり、宇都宮に行って地方新聞だけを読んでいたら、「情報発信が世界に向けてできなくなる」というようなことは確かに感じました。やはり、「東京にいるということは、情報の面で意味がある」ということですよね。

まあ、作家の景山民夫(かげやまたみお)さんも、「宇都宮に来てから、みんな目がトロンとしてきた」などと言っていたので、田舎(いなか)へ行くとそうなるわけです。少しゆったりはしてくるので、そうなるんですけどね。

ただ、「経験」としては必要だったのではないかと思います。

松田三喜男　今、いろいろな拠点を築いていったり、総裁先生が御法話、研修、祈願等々のさまざまなソフトを下さっているという話がありました。

総裁先生は、本当に未来を見据えて、人類の幸福を将来先々まで考えているのに、宏洋氏は著書のなかでオウムのことを〝競合他社〟と言ったり、信者のことを〝顧客〟というかたちで書いているわけです。「非常に小さい世界のビジネスのようなかたちで宗教を貶めている」という意味では、読んでいて本当に腹立たしい思いがありますし、これを読んだ人が騙されてほしくありません。

宏洋氏は「損得」という観点で見ていますが、われわれはそうではありません。先ほど、霊言の話もあり、宏洋氏は「演技」などと言っていますけれども、われわれは「真実を追究して、真実をそのままにお見せしている」わけでありまして、ときには当会にとって都合の悪いことと思えるようなことも含めて、すべて真実のものとして嘘偽りなく出すという姿勢でやっています。

そういうことを宏洋氏は外から見て、「損得だ」とか「ビジネスだ」とか言っている。
これは、やはり許してはいけません。

酒井太守　はい、ありがとうございます。

10　東日本大震災のときの真実

当事者によって次々と明らかになる宏洋氏の嘘（うそ）

酒井太守　続きまして、三〇ページの東日本大震災のときの話ですが、咲也加さんが外出していて帰って来ないということで、**「隆法は、メチャクチャ慌（あわ）てていました」「秘書の人たち相手にブチ切れていました」**という記述があります。これは当時、実際にその場にいらっしゃった人がいると思うので伺（うかが）ってみたいと思います。

大川咲也加　まず、事実が間違っています。連絡が取れないので秘書の方に、**「おい、どうなってるんだ」**と怒鳴（どな）り散らしたと言うんですけれども、先生は怒鳴り散らすような性格の方ではありませんし、連絡は取れていました。

あと、**「大学まで車で迎えに行かせました」**と書いてあるのですけれども、そのとき私は新宿の伊勢丹で買い物をしていたので大学ではないし、「夜の10時か11時に咲也加が帰って来ると」とありますが、六時半には帰宅していました。

また、「秘書の方に電話をかけさせて、『おい、どうなってるんだ。どこにいるんだ。あと何分で帰ってくるんだ。遅い！』と、秘書を怒鳴り散らしていました」とあるんですけれども、その当時、運転していたのがたまたま直樹さんだったので、説明をお願いしたいと思います。

大川隆法　（笑）

大川直樹　はい。そのころは、私はまだ宗務本部の一スタッフとして聖務をさせていただいておりまして、地震が起こったあとすぐに、「運転して迎えに行くように」ということで、新宿の伊勢丹に向かいました。そのときに女性の秘書も一人いて、「二人で向かって、三人で帰ってくる」というかたちでした。

そういった状況のなかで、宏洋氏の本に書いてある、「おい、どうなってるんだ」という総裁先生の発言が、もし真実であるならば、私のほうに確実に電話が来ているはずなんですよね。ただ、そのようなことは一切ありませんでした。「咲也加さんを迎えに行っています。ちょっと渋滞(じゅうたい)しています」とか、そういったやり取りをしていた記憶はあります。しかし、お叱りというか、「どうなってるんだ」と怒鳴り散らしてくるようなことがあれば、私は確実に記憶しているはずですが、そういったことはまったくありませんでした。

そして、帰ったあとは、宗務本部のみなさんから、「大変だったね」「お疲れ様」というふうに言っていただいたことも記憶しています。雰囲気としては、そういうところもありました。ですから、怒られたということはなかったです。

また、そのあと咲也加さんと結婚することとなり、総裁先生のお仕事の判断とか、家庭での雰囲気とかも垣間見させていただいているんですけれども、こういった事態に先生が遭遇(そうぐう)されたら、どっしりと構えていらっしゃると思うんですね。私は当時の総裁先生のお姿を直接見ているわけではありませんけれども、こういった事態が起きたら、総裁先生は鷹揚(おうよう)に構えていらっしゃるはずです。どっしりとして、「ああ、そうなっているんだ。分かりました。では、待っていようか」というように、すごく落ち着いて冷静に物事を見られる方です。

宏洋氏の本で述べられているような、総裁先生が、イライラして何度も何度も連絡させたりとか、「どうなってるんだ」と怒鳴り散らすということはまったくありません。こういった表現で、総裁先生の人間像というか、「こういう性格なんだよ」というのを暗に示そうとしていると思うんですけれども、そういったことはまったくありません。

それから、最後にお伝えさせていただきたいんですが、この地震が起こったあとに、総裁先生は被災された方への慰霊や復興支援をいちばんに考えられていたと思いますが、大悟館周辺に住んでいる方々に対しても、次のようなことをおっしゃっていたのです。

大悟館というのは教祖殿なので、通常、限られた人しか出入りしていないのですが、震災当時、総裁先生は、「困っている人がいたら、教祖殿である大悟館に、みなさん集まってきてください。大悟館にまだ空いているスペースがありますから、困ったときは来てくださって結構ですよ」と言ってくださったのです。東京はそこまで被災しているわけではなかったかもしれませんが、私自身、若手の一職員で、やはり不安な気持ちもありました。しかし、そのお言葉を聞いて、そういう気持ちが吹き飛んだことを記憶しております。

大川裕太　補足させていただきます。私は地震発生のとき、ちょうど大悟館にいました。大きな地震だったのでテレビをつけに来たら、すぐに総裁先生も来てくださいました。午後二時四十五分ぐらいだったでしょうか、リビングで、「大変な地震だったね」ということで、地震発生のころから一緒にテレビを観(み)てくださったのですが、その場には宏洋さんはいなかったです。

いつもどおり、先生はソファで本を読まれながらテレビを観られ、津波が始まって、「ああ、これは大変だな」と心配されるような話をされていたのですが、咲也加さんのことを、宏洋氏が言うほど極端に心配していた様子はありませんでした。

いちおう、当時の秘書の方たちが、「咲也ちゃん、どこにいるの」というような感じで電話をかけたり、いろいろしていましたが、総裁先生は普通に、「ああ、そうですか。

咲也ちゃんはいないのですか。迎えに行っているんですね。はい」といった様子でした。

咲也加さんも、帰ってきたときは普段どおりで、「車がほとんど動かなかったから、車を降りてコンビニで買い物をしたけど、帰ってきても車は同じところにいた」というぐらいの感じでホワッとされていて、全然、大変な感じではありませんでした。

「父の良いところはブチ切れないこと」という記述との矛盾

大川裕太　あと、宏洋さんは、一〇四ページに、「**父・隆法の唯一良いところは、ブチ切れないことです**」と書いているんですね。ここの基準とまったく矛盾していて、三〇ページでは「**秘書の人たち相手にブチ切れていました**」と書いているのです。

口調もこれは宏洋さんの口調ですよ。「**おい、どうなってるんだ**」とかいうような口調は宏洋さんの口調で、総裁先生は、普段、このようなことは言われません。

これは私が思うに、宏洋さんが、「総裁先生がどれだけ咲也加さんを溺愛（できあい）されているか」ということを友達に語るときの〝持ちネタ〟として、よく言っているのではないでしょうか。何かそういう〝設定〟にしているようです。横で見ていて、まったく、そんなことはありませんでしたので。

震災直後に、ハワイ視察に行かせてくれた理由とは

大川裕太　私と咲也加さんは、この東日本大震災のあと、すぐにハワイに行く予定があったのですけれども、秘書のみなさんは、「今はこういう時期なので、ハワイなどには行くものではないのではないか」ということで、飛行機の予約を一回キャンセルしているんですね。

けれども、総裁先生のほうは、「いや、こういうときだからこそ、『今、日本は大丈夫だ』ということを海外の人に知らせなくてはいけないから、咲也加、裕太、ハワイに行ってきなさい」と言われまして、もう一回、飛行機を取り直して、ハワイに行かせていただきました。

ちょうど日本では原発事故もあったりして、信者のみなさんもけっこう心配されて

いたなか、咲也加さんと私は、ハワイに行かせていただいたのですが、総裁先生は本当に、「心配」というより、むしろ、ある意味、「もう全然、心配していない」というか、咲也加さんと私に対しては、「全然、大丈夫だから、普段どおりにやりなさい」というように言っていただいていたと記憶しています。

震災時の対応が素晴らしかった新宿の百貨店

大川隆法　あと、東日本大震災の当時、咲也加さんは伊勢丹に買い物に行っていたと思うけれども、伊勢丹の対応がよかったんですよ。館内でお客さんに対して、「伊勢丹はみなさんをケアしますから狼狽しないでください。慌てないでください。ずっといてくださって結構です。夜、泊まっていただいて構いません。お世話いたしますので」というようなことを言ってくれていたそうです。

伊勢丹の社員のなかには一部、八王子まで歩いて帰った方もいるらしいけれども、百貨店のほうでは、「お客様は全部護る」という態勢だったので、咲也加さんも迎えの車が行くまでの二、三時間、預かってもらえたんですね。

　向こうには得意先係の方がいたので、「いやあ、娘がお世話になりました」ということで、そのあと、やや余分に買い物をすることにはなりましたが。そういう意味では、ほかのところで〝攻撃〟を受けたかもしれませんけれども、本当に、お客さんに対する態度が丁寧で、非常にできていて、娘がお世話になったので、さすがだなと思って尊敬しました。

　そのように、「伊勢丹で身柄は預かっています」ということではあったので、「心配ないな」と思っていました。向こうのほうは、「外に出たほうが、かえって危険ですし、交通機関も危険ですから」というような言い方をしていたので、「立派な百貨店だな」と思いました。当時の感想は、そのような感じです。

酒井太守　はい、ありがとうございます。

震災後、幸福の科学学園生に英会話の講義

松田三喜男　すみません。一点だけ追加させてください。宏洋氏は、東日本大震災の際に総裁先生が、「**メチャクチャ慌てていました**」というようなことを言っていますが、そうした震災や危機に際して、いちばん冷静なのが総裁先生なんです。

具体的には、東日本大震災が起こったあと、余震も続きましたし、原発もどうなるかという、本当に不安な時期に、「幸福の科学学園の高校一年生がアメリカに行く」という海外語学研修がありました。

当時、栃木県に残っている幸福の科学学園生も、福島が近いということもあって、「どうしようか」という不安な気持ちもありましたけれども、震災の一週間後、学園生がアメリカに行く直前に、総裁先生が東京正心館で英会話の講義（「アメリカ研修直前特訓〔前編・後編〕」）をしてくださったのを非常に印象深く覚えています。

そのとき、「そこで講義をしてくださった」ということ自体が、私たちにとって、も

う、どれほどの安心感となったか。総裁先生は、本当に、いちばん冷静で落ち着かれていて、そのご判断自体によって、学園生にも教団にも非常に安心感を与えていただきましたので、本当に感謝しております。

そのようなわけで、総裁先生は、決して震災などの災害で慌てるような方ではありません。むしろ反対に、最も冷静で、周りを安心させてくださるご存在ですので、一言、追加させていただきました。

総裁は東日本大震災を「予言」されていた

大川咲也加　あと、三二ページに、**「大地震の発生や原発の事故は、宇宙の根本神である降法にさえ予知できなかったようです」**ということが書いてあるのですが、実際には「3・11」というのは、すでに予言されていました。

具体的には二〇一〇年六月の天照大神の『最大幸福社会の実現』（幸福の科学出版刊）という霊言のなかで、天照大神は菅直人政権に対して非常に怒りを持たれているということで、「このままでは、この国に災いが起きます」「神罰が近づいている」というような予言をされています。

国民の意識を変えなければ、とてつもなく恐ろしいことが起きるというような、天照大神の霊言がありまして、それが現実に、一年もたたずして起きたなというのが私たちの認識でしたし、信者のみなさんの間でも、「あの予言が当たったね」という感想をけっこう聞きました。

総裁先生が予測できなかったということもないですし、「3・11」のような地震というのは、政治の乱れから起きているとも教えていただいておりますので、そういったところの予言は当たっていたと私は記憶しています。

酒井太守　はい。ありがとうございます。

総理大臣よりも沈着冷静だった総裁

大川隆法　当時の総理大臣の菅直人さんのほうが、福島の原発にヘリコプターで視察に行き、「これは大変だ。原発が爆発したら、東京も全部吹っ飛んでしまうかもしれない」と真っ青になって、だいぶ悩乱しているような状況でした。

しかし、私のほうは、学園生の扱いもそうでしたが、「ああ、心配ないので海外に行ってらっしゃい」というようなかたちでやっていました。

それから、父兄が言っていたのだろうと思いますが、「那須（なす）校の人たちも避難しなければいけないのではないか」と言っている人も上のほうにはいました。私は、「大丈夫ですから、平常どおりやってください」と言っていたので、総理大臣より私のほうが、本当に、そのあたりは沈着冷静だったと思ってはいます。

総裁は必要があれば、人の居場所を霊査できる

大川直樹　最後に一点だけ、この宏洋氏の本の三一ページの続きには、**「娘がいま現在どこにいるかも、わからなかった」**とも書かれています。

そこで、反論しておきたいのですが、まず今、お話を聞いていただいてお分かりのように、「慌てて居場所を調べる必要はなかった」というところが一つあります。もう一つは、ある人が失踪して、その居場所を総裁先生が霊査してくださったこともあります。私もその場に立ち会いました。

このように総裁先生は、必要があれば、人の居場所を霊査することは可能です。ですから、この点も宏洋氏の主張は間違っていて、事実とは違います。

酒井太守　はい、ありがとうございます。

11　じゅうたんのエピソードの真実

「でっち上げレベルの話」をしている宏洋氏

酒井太守　次に、三五ページで、**「一家は、東京の白金（しろかね）にある大悟館（たいごかん）という教団施設で暮らしています」**と言ったあと、宏洋氏は三六ページでじゅうたんの話をしています。

二十年ぐらい前、大悟館のリビングにペルシャじゅうたんを敷（し）いたところ、真輝さんが**「こんなじゅうたんに60万円もかけるなんて、金銭感覚が狂ってる！」**と言ったと。それに対して総裁先生が、**「60万のじゅうたんぐらい何でもないだろ」「真輝、何を怒ってるんだ。お前は、スクルージおじさんみたいだな」**と言ったと書かれています。

これは、名前を出されている真輝さん、少し説明していただけますか。

大川真輝　ここについては『宏洋問題を斬（き）る』（前掲）のなかにも書かせていただき

ました。これは、きょう子氏が私邸（現・エル・カンターレ信仰記念館）を建てる計画を立てているときに、現物ではなくて紙面上で、どのような調度品を置くかを考えていたときのことです。そのときに、じゅうたんの金額が見えたので、それに対して、「こんなの要らないんじゃないか」ということを言った記憶はあります。

たぶん、これは金額も正しくなくて、もう少し高かったはずです。また、そのときは二十年前ではなく、二〇〇六年から二〇〇八年の間ぐらいの話ですし、大悟館のリビングに敷くじゅうたんの話ではまったくなくて、私邸に新しいどういうものを入れるかという話でした。

大川隆法　そんなことは、私は全然知りません。秘書のほうで全部やっていますからね。

大川真輝　総裁先生は、この会話自体をまったくご存じないはずなのですが、あたかもその場にいらっしゃったかのように台詞がつくられています。

あと、いちばん面白いのは後日談で、そのじゅうたんが二週間後、**「ウサギにかじら**

れて、ボロボロになっていました」とあるのですけれども、そもそも、このじゅうたんが来ているのを誰も見たことがないですし、「紙面上のやり取りに少し文句をつけた」というだけの話なので、これは本当に〝でっち上げのレベル〟の話です。

「スクルージおじさんの話」はまったく別のときのこと

大川真輝　それから、「スクルージおじさん」の話は、もし近い話があるとすれば、裕太さんが『宏洋問題を斬る』（前掲）の寄稿で書かれていたと思うんですが、私が金庫をプレゼントしていただいたときのことです。

当時、「宏洋さんからお金を盗まれているのではないか」という疑惑がありまして（会場笑）、私はプレゼントに金庫を頂いたんですけれども、それで、「真輝はケチ」ではないけれども、「ちょっとお金に厳しい」というようなことを……。

大川隆法　お金がなくなるんだよね。

大川真輝　はい、そうです、そうです。

大川隆法　それで、犯人は、どう考えても一人しか考えつかないんですよね。

大川真輝　そうです。

大川隆法　だけど本人は「証拠がない」「他の職員が犯人かもしれない」とか言うから。

大川真輝　はい、確かに現行犯逮捕（たいほ）したわけではないけれども、「それ以外、考えられない」ということです。

そういうわけで、金庫を頂いて、その流れで、チラッとこういう話が出たかもしれませんが、まったく、このじゅうたんのやり取りではありません。

大川隆法　真輝さんは、〝財務局にもいられる〟ということですね（笑）。

大川真輝　ああ、そうかもしれません。「ちょっとケチ」というような……。

酒井太守　ともかく、大悟館のじゅうたんではなかったんですね。

大川真輝　まったく違います。

酒井太守　大川家のウサギはじゅうたんをかじるんですか。

大川真輝　かじりませんし、「私邸にウサギが行く」ということもありえない話です。

酒井太守　完全に「作り話」ですね。

大川真輝　はい、完全にこれは嘘(うそ)です。そもそも、二十年前にウサギはいません。

その場にいた裕太氏から見ても、まったくの「作り話」

酒井太守　裕太さんもいたんですよね。

大川裕太　このもとになったであろう話は、大悟館のリビングで、宗務(しゅうむ)本部の方がきょう子氏に、「新しい建物の調度品はこういうものを入れましょうか」と、いろいろと上げてきてくださった写真をみんなで見ていたときのことです。

その建物は現在のエル・カンターレ信仰記念館ですけれども、そのときは、きょう子氏がそこを私邸にするということで、「ここは真輝さんの部屋、ここは宏洋さんの部屋」というように考えてはいて、「こういうものは要る？」というようなことを訊(き)いてこられたんですよ。それで真輝さんが、「このじゅうたんは高い」というように言っていて。

そのとき、確かに、真輝さんには少し〝ケチキャラ〟みたいなところはありまして、一時期、「一カ月一万円生活をやろう」という主張をしていたこともあっての流れでした。

大川隆法　ああ、そう。（経理局長の）福本さんの後任に呼ばれるかもしれないね（会場笑）。

大川裕太　確かに、「真輝さんがそれで怒った」というようなことが、しばらく話題になっていました。でも、ペルシャじゅうたんは大悟館のほうにもありますけれども、ウサギがそうしたじゅうたんをかじることはないです。

ただ、ウサギがうんちをして、乾いたうんちがあったり、部屋の隅のほうの、じゅうたんとは関係ないところでおしっこをしたりすることも少しありましたので、じゅうたんを置いておくのもどうかということで剝がして、ウサギが走りやすいものに替えました。しかしこれは、宏洋氏の言うこの文脈とは、まったく関係ない話ですね。

ペルシャじゅうたんを購入した本人の証言

木村智重　大悟館のペルシャじゅうたんについては、一言、言っておいたほうがいいかなと思うんですけれども。確かに、お部屋にはペルシャじゅうたんが敷かれていますが、これは私が買いに行ったものです。

大川隆法　（笑）

木村智重　私が「五反田にペルシャじゅうたんの専門店があって、そこがもう潰れそうだ」という話を聞いて、「これは安く購入するいいチャンスだ」と思い、「まとまった数を買う代わりにまけろ」ということで交渉して、すごく安い金額で買ったものです。買い叩いて、大悟館ができたときに全部敷いたのです。

ですから、総裁先生は、これには全然かかわってないですし、金額もお伝えしていません。大悟館のじゅうたんや調度品は、予算の範囲内で、われわれ秘書のほうで決めていました。

先ほど、「総裁先生はお見通しだ」というような話もありましたが、私がこのとき、店で交渉してずいぶんまけさせて、意気揚々と歩いて帰っていたときに、ちょうど総裁先生が車のなかから私の後ろ姿をご覧になって、「ああ、何か、木村さんはインドに買い物に行ったのではないか」と言われたそうです。

これはあとで運転手の方から聞いたのですが、「インドで買い物をたくさんして、意気揚々としているような感じがある。インドで商売！」と言われたのが、ちょうど、私がペルシャじゅうたんを購入して、「今日はいいディールをした」と得意になって帰っていたときだったのです。私はその話を聞いて、後ろ姿を見ただけで心のなかを読まれる総裁先生の神通力に、改めて畏れ入りました。

そういうわけで、総裁先生に、「どのペルシャじゅうたんがよいか」とか、「どの柄で、どの大きさで、どの厚さで」とかいうことは一切、お伺いしていません。これは弟子のマターですので、そこは修正しておきます。

12 信者数・フォロワー数の真実

「信者の実数が一万三千人」とはひどい嘘

大川隆法　あと、それよりもう少し前の三一ページに、「信者の実数は1万3000人」と書いてありますが、このあたりを少なく書くのは虚偽の風説流布なんですよね。

酒井太守　そうですね。

大川隆法　きょう子さんのときの週刊誌の記事では、「信者三万人」というように出していましたが、あれもひどかったですよ。あれは、十数年前の大黒天の数ですよね。あの三万人というのは、確か、「寄付を百万円近くしている方の数が、だいたい三万人ぐらいいる」というのをきょう子さんは聞いていて、それで三万人と言っているので

●**信者の実数は……**　幸福の科学の信者の実数が1万3千人というのは、まったくの虚偽であり、海外の小さめの1支部の信者数ぐらいである。海外の信者数は、一例として、ネパールで約7万2千人、ウガンダで約6万6千人、スリランカで約4万2千人である（2020年3月時点）。

すが、これを宏洋は、もう、一万三千人にまで下げてきたのです。

これは、ＳＮＳのどれかのアクセス数か何かを言っているのでしょうか。

酒井太守　宏洋氏の本では、**「各種ＳＮＳのフォロワーの人数やチャンネル登録者数」**とされています。

大川隆法　私はＳＮＳを見ていないから知らないのですが、当会には教団職員がいて、さらに在家の布教所が一万カ所ぐらいありますので、「職員数」と「布教所長の数」を合わせるとだいたい一万二千人ぐらいはいます。そのほかにも、一般会員はさらにたくさんいます。

教団の法務室は、「名簿を出してください」などと言われるのを嫌がって、こうしたものには対処しないのですが、こういういいかげんな数字がいろいろなところに転載されて出回るのはよろしくないと思います。

酒井太守　そうですね。

大川隆法　少なくとも、「理事長をやったことがある」と称している人間なら、これはおかしい。今、ネパール共和国でも、信者数は七万二千人ぐらいいます。

私はネパールには一回行っただけですが、それで信者が七万二千人いるんですから、幸福の科学の力はけっこう強いのです。SNSだけの活動とは違いますので。

アフリカのウガンダでも六万六千人近くはいるでしょう。そのくらいのものですので、嘘（うそ）の数字を勝手にばら撒（ま）かれ、いろいろと転載されて既成事実にされるのはいけないと思います。

酒井太守　よろしくないところですね。これは別途、総合本部からの糾弾シリーズでも、細かく追及してまいります。

大川隆法　あと、政党に関しましては、政党は政党で党員を募（つの）っていますが、そちら

●私はネパールには……　2011年3月4日、ネパールにて英語講演“Life and Death”(生と死)を行った。また、2012年6月23日、ウガンダにて英語講演“The Light of New Hope”(新しき希望の光)を行った。

のほうは細かく登録人数を発表しているようなので、政党に登録している人自体は、それは万の単位だと思います。

幸福の科学の信者は、もともと「宗教」に入ってきた人たちなので、「政治」に関心のない人が多いのです。いつも日曜日に行事をやっていたので、投票日に投票に行っていない人もかなり多かったですし、ノンポリが多かったという面もあり、全部が政治に乗ってきているわけではありません。

あと、言えるのは、次のようなことです。

当会は局別にいろいろな仕事をしているので、政党には六十人ぐらいしか職員がいません。一方、当会の職員は二千人ぐらいいますので、六十人が動いても、ほかのところが全部動くわけではないのです。かなり動くのは選挙期間中ぐらいで普段は動いていないので、政党の六十人しか動いていない状態なのです。

どちらかというと、支部系は、もう少し、信者を獲得したり行事をしたりするほうを熱心にやっていると思います。

そういう意味で、このあたりの信者数については、マスコミが勝手に言っているだけなので、いいかげんにしてもらわないといけないなと思っています。

酒井太守　はい。

幸福実現党の「YouTube（ユーチューブ）の登録者数」は自民党を超えている

大川裕太　あと、政党のことについて一言、言わせてください。

政党については、SNSのチャンネル登録者数で見られているんですが、今、幸福実現党の公式のYouTube（ユーチューブ）のチャンネル登録者数は六万人です。このYouTubeの登録者数というのは、自民党が五万三千人、共産党や公明党は四万人ぐらいなのです（二〇二〇年三月時点）。

ですから、今、幸福実現党のYouTubeの登録者数はそれらを上回っているんですね。毎週、釈量子（しゃくりょうこ）党首や及川幸久（おいかわゆきひさ）外務局長が配信して、そのような感じで推移しています。

大川隆法　他の政党と比べなくてはいけないですね。

大川裕太　そうです。これは比べて書いていただきたいんですよ。今、自民党や共産党、公明党よりも多いので、そこのところは、ぜひご確認いただければと思います。

酒井太守　はい、ありがとうございます。それでは、午前中の部はこれで終わりにさせていただきたいと思います。

宏洋問題の「嘘」と真実 ―徹底反論座談会1―

2020年3月25日　初版第1刷

編　者　　幸福の科学総合本部

発行所　　幸福の科学出版株式会社

〒107-0052 東京都港区赤坂2丁目10番8号
TEL(03)5573-7700
https://www.irhpress.co.jp/

印刷・製本　株式会社 研文社

落丁・乱丁本はおとりかえいたします

ISBN978-4-8233-0164-3 C0014

宏洋問題の嘘と真相

人はなぜ堕ちてゆくのか。

宏洋問題の真相を語る

大川隆法 著

嫉妬、嘘、自己愛の塊──。人生の反面教師とも言うべき宏洋氏の生き方や、その虚妄を正すとともに、彼の虚言を鵜呑みにする文藝春秋の見識を問う。

1,500 円

宏洋問題の深層

「真実」と「虚偽」をあきらかにする 31人の証言

幸福の科学総合本部 編

宏洋氏は、なぜ信仰を冒瀆し、虚偽による誹謗中傷を繰り返すのか。逆恨み、女性問題、セクハラ・パワハラなど、関係者が語る衝撃の「素顔」と「言動」。

1,400 円

宏洋問題を斬る

「内情」を知り尽くした 2 人の証言

幸福の科学総合本部 編

彼の嘘がこれ以上多くの人を傷つけないように──。公私にわたり宏洋氏を間近に見てきた関係者による証言と反論。実弟の真輝氏・裕太氏の寄稿文も収録。

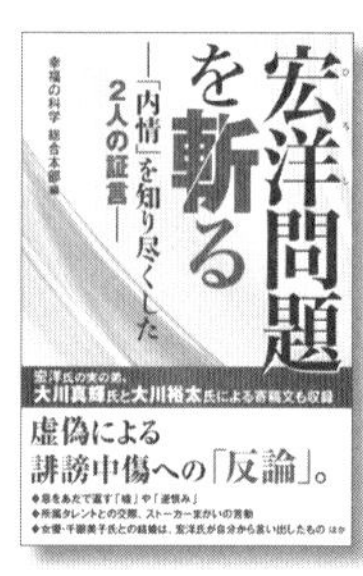

1,400 円

直撃インタビュー
大川隆法総裁、宏洋問題に答える

幸福の科学総合本部 編

「月刊 WiLL」「週刊文春」「YouTube」──。宏洋氏の虚偽の発信に対して、大川総裁ほか関係者が真相を語った、衝撃の質疑応答 174 分。

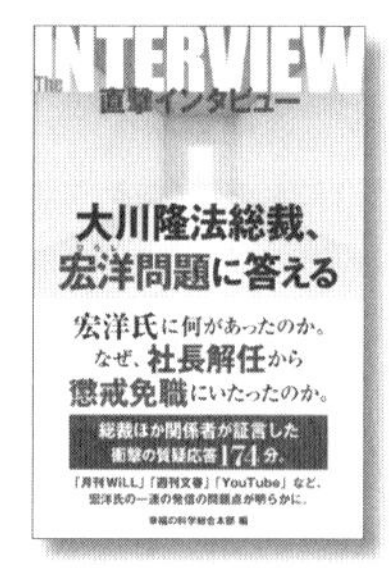

1,500 円

※表示価格は本体価格（税別）です。

1,400円

娘が語る 大川隆法の自助努力の姿

- 読書をしている父の姿
- 一日の生活スタイル
- 教育方針
- 大川家の家訓
- 世界のために命を懸ける「不惜身命」の姿
- 大病からの復活
- 「霊言」の真実

娘から見た大川隆法
大川咲也加 著

幼いころの思い出、家族思いの父としての顔など、実の娘が28年間のエピソードと共に綴る、大川総裁の素顔。

自助努力の精神を受け継ぐ幸福の科学の後継者

幸福の科学の後継者像について
大川隆法・大川咲也加 共著

霊能力と仕事能力、人材の見極め方、公私の考え方、家族と信仰——。全世界に広がる教団の後継者に求められる「人格」と「能力」について語り合う。

1,500円

大川隆法霊言シリーズ・不信仰の誤りを紐す

「文春」の報道倫理を問う

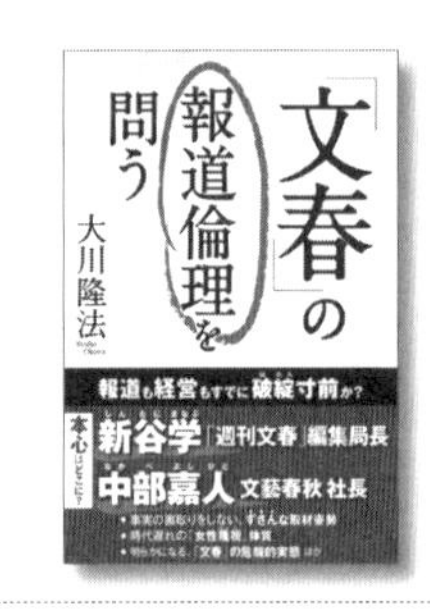

ずさんな取材体制、倫理観なき編集方針、女性蔑視体質など、文藝春秋の悪質な実態に迫った守護霊インタビュー。その正義なきジャーナリズムを斬る！

1,400円

不信仰の家族にはどう対処すべきか

現代のダイバダッタ問題

いつの時代にも起きる信仰と身内の問題は、どう見るべきなのか。〝嘘〟の誹謗中傷、教団批判による炎上商法、その真相を明かした守護霊インタビュー。

1,400円

実戦・悪魔の論理との戦い方

エクソシズム訓練

信仰を護り抜くために、悪魔にどう立ち向かえばよいのか。嫉妬、不信感、嘘、欲望――、悪魔との直接対決から見えてきた、その手口と対処法とは。

1,400円

信仰者の責任について

幸福の科学総合本部 編

数々の虚言と誹謗中傷で純粋な信仰を踏みにじる「偽りの信仰者」。その言動を側で見てきた者たちの証言と質問から、その過ちと矛盾を明らかにする。

1,400円

※表示価格は本体価格（税別）です。

幸福の科学グループのご案内

宗教、教育、政治、出版などの活動を通じて、地球的ユートピアの実現を目指しています。

幸福の科学

一九八六年に立宗。信仰の対象は、地球系霊団の最高大霊、主エル・カンターレ。世界百カ国以上の国々に信者を持ち、全人類救済という尊い使命のもと、信者は、「愛」と「悟り」と「ユートピア建設」の教えの実践、伝道に励んでいます。

（二〇二〇年三月現在）

愛

幸福の科学の「愛」とは、与える愛です。これは、仏教の慈悲(じひ)や布施(ふせ)の精神と同じことです。信者は、仏法真理をお伝えすることを通して、多くの方に幸福な人生を送っていただくための活動に励んでいます。

悟り

「悟り」とは、自らが仏の子であることを知るということです。教学(きょうがく)や精神統一によって心を磨き、智慧(ちえ)を得て悩みを解決すると共に、天使・菩薩(ぼさつ)の境地を目指し、より多くの人を救える力を身につけていきます。

ユートピア建設

私たち人間は、地上に理想世界を建設するという尊い使命を持って生まれてきています。社会の悪を押しとどめ、善を推し進めるために、信者はさまざまな活動に積極的に参加しています。

国内外の世界で貧困や災害、心の病で苦しんでいる人々に対しては、現地メンバーや支援団体と連携して、物心両面にわたり、あらゆる手段で手を差し伸べています。

年間約２万人の自殺者を減らすため、全国各地で街頭キャンペーンを展開しています。

公式サイト **www.withyou-hs.net**

ヘレン・ケラーを理想として活動する、ハンディキャップを持つ方とボランティアの会です。視聴覚障害者、肢体不自由な方々に仏法真理を学んでいただくための、さまざまなサポートをしています。

公式サイト **www.helen-hs.net**

入会のご案内

幸福の科学では、大川隆法総裁が説く仏法真理をもとに、「どうすれば幸福になれるのか、また、他の人を幸福にできるのか」を学び、実践しています。

仏法真理を学んでみたい方へ

大川隆法総裁の教えを信じ、学ぼうとする方なら、どなたでも入会できます。入会された方には、『入会版「正心法語」』が授与されます。

ネット入会 入会ご希望の方はネットからも入会できます。
happy-science.jp/joinus

信仰をさらに深めたい方へ

仏弟子としてさらに信仰を深めたい方は、仏・法・僧の三宝への帰依を誓う「三帰誓願式」を受けることができます。三帰誓願者には、『仏説・正心法語』『祈願文①』『祈願文②』『エル・カンターレへの祈り』が授与されます。

幸福の科学 サービスセンター
TEL 03-5793-1727
（受付時間／火〜金：10〜20時 土・日祝：10〜18時（月曜を除く））

幸福の科学 公式サイト
happy-science.jp

ハッピー・サイエンス・ユニバーシティ

Happy Science University

ハッピー・サイエンス・ユニバーシティとは

ハッピー・サイエンス・ユニバーシティ(HSU)は、大川隆法総裁が設立された「現代の松下村塾」であり、「日本発の本格私学」です。
建学の精神として「幸福の探究と新文明の創造」を掲げ、チャレンジ精神にあふれ、新時代を切り拓く人材の輩出を目指します。

人間幸福学部　経営成功学部　未来産業学部

HSU長生キャンパス TEL **0475-32-7770**
〒299-4325　千葉県長生郡長生村一松丙 4427-1

未来創造学部

HSU未来創造・東京キャンパス
TEL **03-3699-7707**
〒136-0076　東京都江東区南砂2-6-5　公式サイト **happy-science.university**

学校法人 幸福の科学学園

学校法人 幸福の科学学園は、幸福の科学の教育理念のもとにつくられた教育機関です。人間にとって最も大切な宗教教育の導入を通じて精神性を高めながら、ユートピア建設に貢献する人材輩出を目指しています。

幸福の科学学園

中学校・高等学校(那須本校)
2010年4月開校・栃木県那須郡(男女共学・全寮制)
TEL **0287-75-7777** 公式サイト **happy-science.ac.jp**

関西中学校・高等学校(関西校)
2013年4月開校・滋賀県大津市(男女共学・寮及び通学)
TEL **077-573-7774** 公式サイト **kansai.happy-science.ac.jp**

仏法真理塾「サクセスNo.1」

全国に本校・拠点・支部校を展開する、幸福の科学による信仰教育の機関です。小学生・中学生・高校生を対象に、信仰教育・徳育にウエイトを置きつつ、将来、社会人として活躍するための学力養成にも力を注いでいます。

TEL 03-5750-0751（東京本校）

エンゼルプランV　TEL 03-5750-0757
幼少時からの心の教育を大切にして、信仰をベースにした幼児教育を行っています。

不登校児支援スクール「ネバー・マインド」　TEL 03-5750-1741
心の面からのアプローチを重視して、不登校の子供たちを支援しています。

ユー・アー・エンゼル！（あなたは天使！）運動
一般社団法人 ユー・アー・エンゼル　TEL 03-6426-7797
障害児の不安や悩みに取り組み、ご両親を励まし、勇気づける、
障害児支援のボランティア運動を展開しています。

NPO活動支援

学校からのいじめ追放を目指し、さまざまな社会提言をしています。また、各地でのシンポジウムや学校への啓発ポスター掲示等に取り組む一般財団法人「いじめから子供を守ろうネットワーク」を支援しています。

公式サイト mamoro.org　ブログ blog.mamoro.org
相談窓口 TEL.03-5544-8989

百歳まで生きる会

「百歳まで生きる会」は、生涯現役人生を掲げ、友達づくり、生きがいづくりをめざしている幸福の科学のシニア信者の集まりです。

シニア・プラン21

生涯反省で人生を再生・新生し、希望に満ちた生涯現役人生を生きる仏法真理道場です。定期的に開催される研修には、年齢を問わず、多くの方が参加しています。
全世界212カ所（国内197カ所、海外15カ所）で開校中。

【東京校】TEL 03-6384-0778　FAX 03-6384-0779
メール senior-plan@kofuku-no-kagaku.or.jp

幸福実現党

内憂外患(ないゆうがいかん)の国難に立ち向かうべく、2009年5月に幸福実現党を立党しました。創立者である大川隆法党総裁の精神的指導のもと、宗教だけでは解決できない問題に取り組み、幸福を具体化するための力になっています。

幸福実現党 釈量子サイト **shaku-ryoko.net**
Twitter **釈量子@shakuryokoで検索**

党の機関紙
「幸福実現NEWS」

幸福実現党 党員募集中

あなたも幸福を実現する政治に参画しませんか。

- ○ 幸福実現党の理念と綱領、政策に賛同する18歳以上の方なら、どなたでも参加いただけます。
- ○ 党費:正党員(年額5千円[学生 年額2千円])、特別党員(年額10万円以上)、家族党員(年額2千円)
- ○ 党員資格は党費を入金された日から1年間です。
- ○ 正党員、特別党員の皆様には機関紙「幸福実現NEWS(党員版)」(不定期発行)が送付されます。

＊申込書は、下記、幸福実現党公式サイトでダウンロードできます。
住所:〒107-0052 東京都港区赤坂2-10-8 6階 幸福実現党本部
TEL **03-6441-0754** FAX **03-6441-0764**
公式サイト **hr-party.jp**

幸福の科学出版

大川隆法総裁の仏法真理の書を中心に、ビジネス、自己啓発、小説など、さまざまなジャンルの書籍・雑誌を出版しています。他にも、映画事業、文学・学術発展のための振興事業、テレビ・ラジオ番組の提供など、幸福の科学文化を広げる事業を行っています。

アー・ユー・ハッピー？
are-you-happy.com

ザ・リバティ
the-liberty.com

幸福の科学出版
TEL **03-5573-7700**
公式サイト **irhpress.co.jp**

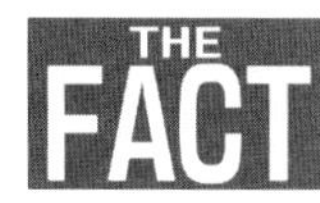

ザ・ファクト
マスコミが報道しない
「事実」を世界に伝える
ネット・オピニオン番組

ニュースター・プロダクション

「新時代の美」を創造する芸能プロダクションです。多くの方々に良き感化を与えられるような魅力あふれるタレントを世に送り出すべく、日々、活動しています。 公式サイト **newstarpro.co.jp**

ARI Production

ARI Production（アリプロダクション）

タレント一人ひとりの個性や魅力を引き出し、「新時代を創造するエンターテインメント」をコンセプトに、世の中に精神的価値のある作品を提供していく芸能プロダクションです。 公式サイト **aripro.co.jp**

大川隆法　講演会のご案内

大川隆法総裁の講演会が全国各地で開催されています。講演のなかでは、毎回、「世界教師」としての立場から、幸福な人生を生きるための心の教えをはじめ、世界各地で起きている宗教対立、紛争、国際政治や経済といった時事問題に対する指針など、日本と世界がさらなる繁栄の未来を実現するための道筋が示されています。

2019年12月17日 さいたまスーパーアリーナ「新しき繁栄の時代へ」

2019年10月6日 ザ ウェスティン ハーバーキャッスル トロント(カナダ)「The Reason We Are Here」

2019年7月5日 福岡国際センター「人生に自信を持て」

2019年3月3日 グランド ハイアット 台北(台湾)「愛は憎しみを超えて」

2019年7月13日 ホテル イースト21東京「幸福への論点」

講演会には、どなたでもご参加いただけます。
最新の講演会の開催情報はこちらへ。⟹

大川隆法総裁公式サイト
https://ryuho-okawa.org